l'enfant et son IMAGE

*La plupart des photos qui illustrent ce livre ont été réalisées à la crèche municipale Alfred Roll à Paris.
Nous remercions la ville de Paris qui nous en a donné l'autorisation et tout particulièrement la directrice de la crèche, Bernadette Ligneau, qui nous a si gentiment accueillies. Nous remercions également les éducatrices et auxilliaires qui nous ont aidées, les parents qui nous ont fait confiance et, surtout, tous les enfants qui nous ont permis de faire ce livre.*

Réalisation Agence Média

N° éditeur : 10006052

ISBN : 2.09.290744.1

ANNE-MARIE FONTAINE - PHOTOS PASCALE LEPRINCE-RINGUET
PRÉFACE DE RENÉ ZAZZO

l'enfant et son IMAGE

NATHAN

PRÉFACE

L'enfant et son image dont je viens de terminer la lecture m'a littéralement ravi.

Sans rien sacrifier de la rigueur des idées et des faits qu'elle met en œuvre, Anne-Marie Fontaine a su parler un langage alerte et clair, accessible à un public qui déborde largement celui des spécialistes.

La question première formulée dans ce livre est simple : à quel âge l'enfant se reconnaît-il dans le reflet du miroir ? Les parents peuvent avoir là-dessus leur opinion par l'expérience qu'ils ont de leurs propres enfants.

La réponse, elle, n'est pas facile : elle dépend, pour être valable, d'une parfaite maîtrise des conditions dans lesquelles on observe l'enfant ; elle dépend aussi du critère de reconnaissance que l'on adopte. Doit-on considérer, par exemple, que l'enfant s'est reconnu quand, placé devant le miroir, il dit "C'est moi" ? On peut supposer que la reconnaissance s'accomplit bien avant que l'enfant soit capable de cette réaction verbale... Mais comment le prouver ? Quelles réactions, autres que verbales, nous révéleront l'émergence de la prise de conscience visuelle de soi ?

L'auteur va conduire le lecteur, pas à pas, sur les chemins de la découverte. On se demande aussi à quel âge il reconnaît sa mère dans le miroir : si c'est avant, après, ou en même temps qu'il se reconnaît lui-même.

Cependant, Anne-Marie Fontaine ne se borne pas à l'image du miroir. Elle consacre trois brefs chapitres à l'image vidéo, à la photographie, à l'ombre, dans le but d'une comparaison explicative entre les réactions de l'enfant à ses divers types de "doubles".

Le thème de l'ombre mérite qu'on s'y arrête. On aura peut-être remarqué, avec quelque étonnement, que dans la première page d'introduction il n'est pas question d'image mais d'ombre. Ce n'est pas par hasard ou inadvertance. C'est l'aveu, délibéré ou non, d'un intérêt propre à l'auteur. Anne-Marie Fontaine est pionnière dans l'exploration de l'ombre... Sans doute, de tous temps, l'ombre a été un inépuisable thème de légendes, un objet de croyances. Jamais elle n'avait été objet d'études pour les psychologues. Anne-Marie Fontaine est donc la première à s'être interrogée, expériences à l'appui, sur les réactions de l'enfant à son ombre et à celle d'autrui.

Il en est tout autrement concernant le reflet. Ses expériences et ses réflexions s'inscrivent ici dans les recherches que nous avons conduites ensemble à partir de 1972 et pendant une dizaine d'années. Des recherches dont je rends compte dans un ouvrage intitulé *Reflets de miroir et autres doubles,* qui doit paraître aux Presses Universitaires un peu plus tard que le sien. Est-il déplacé d'en parler dans cette préface ? Il était difficile de n'en rien dire, de ne pas expliquer ce qui distingue ces deux ouvrages l'un de l'autre. Ils ne font pas double emploi. Ils se complètent, ils s'instruisent mutuellement. Les faits principaux qu'ils exposent sont les mêmes ; ils s'adressent tous les deux à un large public, mais avec des éclairages radicalement différents.

Ainsi Anne-Marie Fontaine couvre l'ensemble de la littérature, étrangère aussi bien que française, alors que je me centre sur nos propres travaux, que je raconte l'histoire d'une aventure scientifique avec ses déceptions et ses bonnes surprises.

À cet égard, un détail stylistique est significatif. J'écris sans vergogne à la première personne, au singulier et au pluriel : je, nous. *Nous,* c'est Anne-Marie Fontaine et moi-même, c'est aussi la petite équipe de chercheurs travaillant sous notre direction.

Anne-Marie Fontaine parle de préférence à la troisième personne. *Ils,* ce sont les psychologues de France et d'ailleurs, qu'elle ne nomme pas dans le texte, pour ne pas l'alourdir, mais dont on trouve la liste, avec références complètes, en annexe.

L'Enfant et son image devant paraître avant mes *Reflets de miroir,* ce que je viens de dire ne risque pas de lui faire concurrence.

Les qualités de ce livre, si joliment illustré, doivent lui assurer un large succès.

Un mot encore, cependant. Le tour de force d'Anne-Marie Fontaine est d'avoir su faire tenir en une centaine de pages seulement tant de richesses, tant de données nouvelles sur la psychologie du premier âge. Bravo Anne-Marie Fontaine, et merci.

René ZAZZO
10 décembre 1991

INTRODUCTION

"L'ombre a été le moyen par lequel l'homme a vu pour la première fois son corps. Il en a fait son âme..." écrivait le psychanalyste Otto Rank, au début du siècle. Dans de nombreuses sociétés primitives ou antiques, en effet, c'est souvent le même mot qui désigne à la fois l'âme, l'esprit, le reflet et l'ombre[1]. C'est dans les doubles de l'homme, pense-t-on, que l'âme se matérialise. Ainsi, pour les indigènes des îles Fidji, tout homme a deux âmes, une âme noire qui est dans son ombre et va en enfer, et une autre claire qui se voit dans son reflet sur l'eau ou dans un miroir, et qui reste près de l'endroit où l'homme est mort. Cette importance attribuée aux doubles explique le respect, les précautions et les tabous qui s'y attachent, car toute atteinte faite à l'ombre ou au reflet est une atteinte à la personne dans ce qu'elle a de plus essentiel. Aux îles Salomon, marcher sur l'ombre d'un roi peut être puni de mort... Chez de nombreux peuples d'Afrique, la longueur de l'ombre est symbole de santé et de force, on ne sort pas à midi car on est vulnérable, ayant une trop petite ombre... On porte les malades au soleil, pour leur donner une ombre, et ainsi retenir leur âme... Les doubles sont spirituels, mais aussi réels ; ils ont une vie propre, surtout après la mort. L'ombre a une action fécondatrice, pense-t-on, c'est pourquoi dans l'Inde centrale les femmes ne doivent pas croiser l'ombre d'un homme : même déjà enceintes, elles risqueraient que l'enfant ressemble à cet homme...

Les mêmes croyances se rapportent aux reflets. Chez les anciens Hindous et chez les Grecs, il était défendu de regarder son propre reflet dans l'eau, car cela pouvait entraîner la mort. C'est ce qui arriva à Narcisse, tombé amoureux de son image. Casser un miroir est aussi un présage de mort, ou au moins de sept ans de malheur... Il n'y a pas si longtemps, en Europe, on voilait encore les miroirs de la maison où quelqu'un venait de mourir, de peur que son âme n'y reste enfermée...

La photographie aussi fait partie intégrante de la personne : encore aujourd'hui, dans de nombreux pays, on refuse de se laisser prendre en photo de peur de se faire voler son âme ou d'être victime d'actions malé-

fiques. C'est d'ailleurs à partir de photos que se font encore certaines pratiques de sorcellerie ou de magnétisme.
Ce thème de l'âme présente dans le reflet et l'ombre se retrouve aussi dans la littérature. Les contes populaires ou fantastiques sont pleins d'histoires de gens qui ont vendu leur ombre ou leur reflet en échange de la richesse, de la jeunesse éternelle, ou de la beauté... Ils finissent en général tragiquement, persécutés par leurs doubles qui se sont mis à vivre de leur vie propre. C'est d'ailleurs souvent le diable qui, sous un déguisement, propose les tractations, car, c'est bien connu, le diable n'a pas d'ombre ni de reflet, comme les vampires...
Dans nos sociétés industrialisées, nous sourions de ces croyances et de ces histoires, nous ne croyons plus (ou presque plus...) que notre ombre ou notre reflet puisse avoir une vie propre, nous pouvons d'ailleurs expliquer tout à fait scientifiquement les phénomènes physiques qui les déterminent. Il n'en demeure pas moins que l'ombre, le reflet, les photographies sont nos doubles visuels : nous leur attribuons notre nom ; en les regardant, nous disons "C'est moi". Nous ne dirions peut-être plus qu'ils sont notre "âme", mais n'est-ce pas un peu la même chose lorsque nous disons qu'ils font partie de notre "identité"? Quelle est l'histoire individuelle de cette identification avec nos doubles ? Comment l'enfant, dont on dit qu'il rejoint le primitif, va-t-il réagir devant tous les doubles de lui-même qu'il va découvrir ?
Le miroir sera probablement pour l'enfant la première occasion de rencontre avec lui-même, et la plus familière, puis ce sera celle des photographies de famille qu'on lui montre en désignant chacun, et qu'après 1 an il regarde avec un intérêt grandissant. Moins fréquente, mais elle le deviendra peut-être, est l'expérience de l'image vidéo, moins fréquente aussi la rencontre de l'ombre, au hasard d'une rue ensoleillée ou sur la plage. Image colorée et qui bouge en même temps que lui, images fixes de papier qu'il retrouve toujours à la même place, images de vacances où il se voit courir alors qu'il est assis à les regarder, image noire qui lui colle aux pieds et le suit sans cesse... Comment l'enfant réagit-il à toutes ces images de lui-même ? Que comprend-il de nos paroles lorsque nous les lui montrons en disant : "Tu vois, c'est toi... c'est

Sébastien", "C'est Aurélie..."? Comment savoir à quel moment il s'identifie vraiment ?
Ces questions, que tous les parents se sont un jour posées en regardant leurs enfants, passionnent aussi les psychologues depuis longtemps, mais ils n'ont essayé d'y répondre de manière approfondie que récemment. Ce livre est donc "un état de la question", tel qu'il peut être fait aujourd'hui à partir des recherches sur les réactions de l'enfant à son image. Il se voudrait surtout une invite aux adultes à se donner le temps de regarder et d'écouter patiemment, et passionnément, les jeunes enfants dans leurs découvertes.

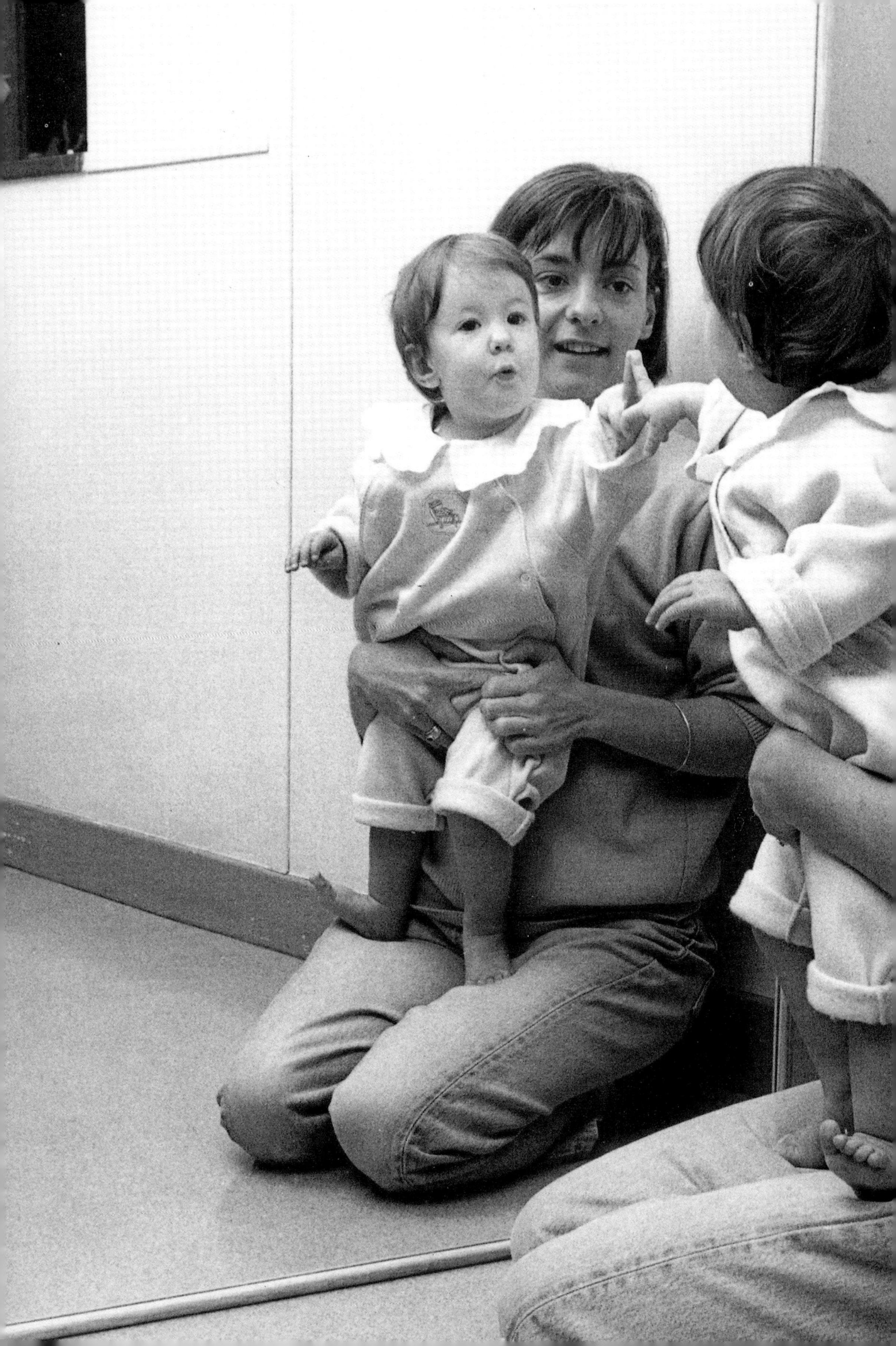

LES PIÈGES DU MIROIR

"À quel âge, selon vous, l'enfant se reconnaît-il dans le miroir ?"
"Se reconnaît-il en même temps qu'il reconnaît sa mère, ou plus tôt, ou plus tard ?"
Ces deux questions furent posées par le professeur René Zazzo[2], vers 1976, alors que nous poursuivions ensemble ses recherches sur les réactions des enfants devant le miroir, à plus de cent personnes qui n'avaient pas de formation particulière de psychologie. Il obtint les réponses suivantes :
– pour 60% des personnes interrogées, l'enfant se reconnaît très tôt, "dès qu'il est capable de voir nettement", et si l'on demande de préciser l'âge, celui-ci varie entre 2 et 6 mois ;
– pour la moitié des personnes interrogées, l'enfant se reconnaît "en même temps" qu'il reconnaît sa mère dans le miroir. D'autres hésitent, mais finissent par penser qu'il ne doit pas y avoir une grande différence, "un mois ou deux, peut-être ?"
En somme, dit René Zazzo, "tous ces gens expriment un sentiment d'évidence : quand on est devant sa glace, on se voit, il suffit d'ouvrir les yeux ! Se rapportant à sa propre expérience, l'adulte ne peut imaginer qu'il fut un temps où le miroir n'était pas son miroir." Et lorsque René Zazzo fait remarquer à ses interlocuteurs que "notre propre visage nous est invisible directement", ils en conviennent, mais après quelque étonnement, et un temps de réflexion.

Nous n'avons jamais vu et ne verrons jamais directement notre visage... Tout ce que nous en connaissons nous est appris par le miroir.

SE RECONNAÎTRE DANS LE MIROIR, PAS SI SIMPLE...

Arrêtons-nous aussi un instant. C'est vrai : nous n'avons jamais vu, et ne verrons jamais par nous-mêmes, nos yeux ni notre visage... Que connaissons-nous directement de notre apparence ? Surtout nos bras, nos jambes... En fait, la position de notre tête réduit singulièrement l'angle sous lequel nous pouvons nous regarder, et nous sommes loin d'une vision globale de nous-mêmes, ni de face puisqu'elle est très partielle, encore moins de profil ou de dos ! La connaissance visuelle que nous avons de notre corps est donc tout à fait subjective, car nous seuls nous voyons ainsi.
La connaissance visuelle de notre apparence, objective et complète, comme celle que les autres ont de nous, c'est précisément de l'image du miroir qu'elle nous vient, de nos photographies, éventuellement de nos films, de toutes ces images qui sont nos doubles visuels et sans lesquelles nous ne saurions pas à quoi nous ressemblons. Parfois, pourtant, certaines photos nous surprennent, et encore plus les films que d'autres prennent de nous : voilà que nous y découvrons un air, une démarche que nous ne nous connaissions pas... "C'est moi, ça ? Quelle allure, ce n'est pas possible !" et nous refusons même de montrer certaines photos, certains films. Pourquoi ce malaise ? Par dépit de n'avoir pas un physique de rêve ? Peut-être... mais il y a une autre explication : ces images déstabilisent la connaissance visuelle la plus ancienne que nous avons de nous, celle du miroir, et nous obligent à la rectifier, à la réajuster, à nous voir sous d'autres angles.
L'impression d'évidence de l'image du miroir vient de ce que nous la fréquentons quasi quotidiennement depuis longtemps, que nous sommes habitués à nous voir sous un certain angle (il paraît que nous nous regardons d'ailleurs toujours sous le meilleur profil...), et que nous la réajustons sans nous en apercevoir puisqu'elle vieillit en même temps que nous. Mais il suffit d'un effet de surprise, d'une grande glace placée dans un endroit inattendu, dans un lieu public par exemple, pour que nous hésitions aussi, et que nous mettions même quelques instants à réaliser que la personne qui parle et bouge en face est bien nous-mêmes !

Ces moments de dépaysement, de déstabilisation en face de notre image nous montrent que la connaissance de notre propre aspect visuel n'est pas acquise une fois pour toutes, qu'elle doit être plus ou moins réajustée, ou complétée tout au long de la vie, ou dans certaines circonstances. Une autre preuve que l'identification de soi n'est pas une évidence nous vient des aveugles de naissance qui retrouvent la vue après une opération : ils ont besoin d'un temps d'apprentissage pour identifier leur image dans le miroir, car ils la prennent d'abord pour une autre personne[3]. On sait aussi que dans certains troubles mentaux, il arrive au contraire que les malades perdent la capacité de se reconnaître dans le miroir[4].
Alors, si l'identification de notre image visuelle peut être à ce point ébranlée, si elle doit être réajustée même chez les adultes, si ce n'est pas une évidence, mais en fait une expérience qui a une histoire, comment le petit enfant que nous avons été a-t-il pu s'y prendre au départ pour s'identifier ? Le problème est peut-être plus compliqué qu'il n'y paraît.

SE RECONNAÎTRE OU SE CONNAÎTRE ?

Comme l'a fait remarquer René Zazzo, le mot "reconnaissance", pourtant si utilisé, est tout à fait impropre, appliqué à l'image de soi, surtout pour le jeune enfant. Il ne peut pas se reconnaître visuellement puisqu'il ne se connaît pas ! Il connaît ses pieds, ses mains, mais ce qui le distingue vraiment d'un autre bébé, ce qu'il a de plus personnel, son visage, il ne le connaît pas. Devant le miroir, ce n'est donc pas une reconnaissance que l'enfant doit faire, mais une connaissance : il va devoir apprendre son apparence, apprendre son visage.
Pour l'image d'autrui, vue dans le miroir, le problème est bien plus simple : le bébé connaît sa mère ou son père visuellement et il s'agit bien alors d'une "reconnaissance". Lorsque le bébé voit sa mère dans le miroir, il sourit, vocalise, s'agite, comme lorsqu'il la voit "en direct". Si l'image de sa mère disparaît, il se renfrogne ; si l'image réapparaît, il s'illumine à nouveau ! Cette expérience peut être faite par tous les parents, dès que leur enfant leur sourit. Pourquoi cela ? Parce qu'il n'y a aucune différence, pour l'enfant, entre les deux perceptions, sa mère "en direct" ou dans le miroir :

Se "reconnaître"dans le miroir ? Oui, mais comment ? Ce que l'enfant voit directement de son corps est si différent de ce qu'il voit dans le miroir...

Voici ce que Thomas voit de son corps dans le miroir en face de lui.

Voilà ce que Thomas voit de son corps quand il baisse la tête pour se regarder.

visuellement, c'est la même chose – mêmes couleurs, mêmes volumes, mêmes mouvements, mêmes mimiques, tout est pareil. Dès qu'il connaît les personnes de son entourage, dès les premiers mois, il les reconnaît dans le miroir.

Vers 6 mois, les réactions de l'enfant devant le reflet des personnes familières ou inconnues se différencient très nettement : il a des réactions positives face au reflet de sa mère, il sourit et tend les bras, et des réactions négatives face au reflet d'une femme inconnue : il la regarde sans sourire, gémit ou pleure[5]. Les mêmes différences de réactions sont observées, au même âge, devant des photographies de sa mère et d'une autre femme, et elles deviennent très nettes à 8 mois[6].

On peut donc dire qu'à partir de 3 ou 4 mois, et à 6 mois sûrement, le bébé identifie les personnes familières dans le miroir.

Reconnaître sa mère dans le miroir ? C'est facile... Il n'y a pas de différence entre la maman qu'Eléonore voit directement et celle qu'elle voit dans le miroir.

DÉCOUVRIR LE MIROIR

Qu'est-ce qu'un miroir ? Une étrange surface lisse et lumineuse où l'on voit mille choses intéressantes : des personnes qui bougent, des meubles, des objets, et un bébé qui est toujours là... C'est peut-être ce que diraient les bébés, s'ils parlaient... Les adultes interrogés ne pourraient peut-être pas tous détailler les lois physiques de la réfraction de la lumière, mais ils expliqueraient sans doute que tout ce que l'on voit devant nous dans le miroir est en fait derrière, et que, d'ailleurs, ce que l'on voit n'existe pas, c'est seulement un reflet ! C'est vraiment très simple, non ? Mettons-nous à la place d'un bébé lorsqu'il voit l'image de quelqu'un dans la glace, ou lorsqu'il voit la sienne, et réfléchissons au "travail" nécessaire pour comprendre ce qu'il voit. En fait, il n'a pas un mais deux problèmes à résoudre...

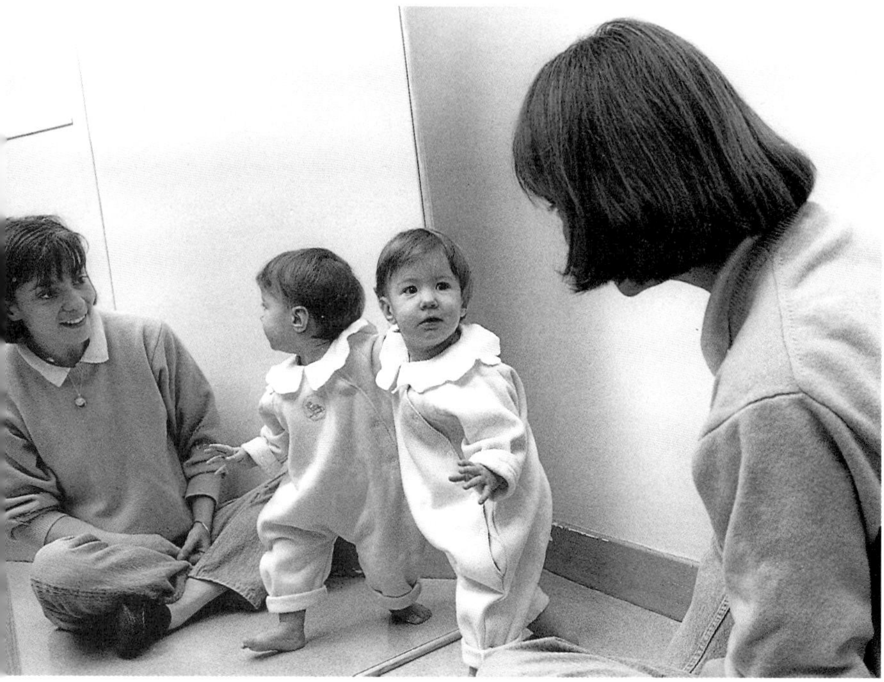

Que comprend l'enfant quand sa mère lui montre le miroir en disant : "Tu vois, c'est toi, là... C'est Eléonore, là !" ?

Qui est-ce, dans le miroir ?

Pour l'image d'autrui, c'est très simple. Pour dire "maman" en voyant sa mère dans le miroir, l'enfant n'a besoin que de sa perception visuelle : il lui suffit de regarder. Il reconnaît sa mère parce qu'il la voit dans le miroir comme dans la réalité.
Pour dire "C'est Julien" en se voyant dans le miroir, il y a un problème préalable à résoudre : regarder ne suffit pas, car l'enfant ne sait pas à quoi il ressemble. Il ne sait donc pas que l'apparence visuelle en face de lui dans le miroir est la sienne. Pour le découvrir, il va devoir coordonner deux expériences distinctes : ce qu'il sait de son corps qui bouge et qu'il ressent de l'intérieur, et ce que ses yeux voient à l'extérieur, sur le miroir. Il va devoir découvrir tout d'abord qu'il y a des liens entre les deux. Le problème de l'identification est donc beaucoup plus compliqué pour l'image de soi que pour l'image des autres.

Réalité ou reflet ?

Supposons le premier problème résolu : l'enfant dit "maman" à l'image de sa mère, et il dit "Julien" en voyant sa propre image. Il y a ensuite, ou en même temps, un deuxième problème à résoudre, commun cette fois à l'image de soi et à celle d'autrui : comprendre que la perception du miroir n'est pas réelle, qu'il n'y a pas "deux mamans", ou "deux Julien", que l'espace du miroir n'est pas un véritable espace, que toute image vue dans le miroir est un double, un reflet des choses et des personnes réelles qui, elles, sont uniques[7].
Le reflet du miroir est, de toutes nos images, celle qui ressemble le plus à une perception réelle, c'est une "quasi-présence" dit René Zazzo[8]. Cette caractéristique en fait à la fois un étonnant outil de connaissance de soi, que l'enfant va devoir apprendre à utiliser, et une source d'illusion, un piège non moins étonnant, qu'il va falloir déjouer. Tout cela n'est pas simple ! S'identifier dans le miroir, dire "C'est moi", est donc le résultat, pour l'enfant, de tout un travail mental plutôt complexe... Voilà qui donne à penser que les âges avancés dans le sondage évoqué au début de ce chapitre risquent d'être bien précoces. Cela incite à se tourner vers les chercheurs en psychologie, pour voir comment ils ont étudié ce problème et ce qu'ils peuvent en transmettre.

LES QUESTIONS DES PSYCHOLOGUES

Raconter comment les psychologues ont observé et compris les réactions de l'enfant devant le miroir revient un peu à relater l'histoire de la psychologie de l'enfant, avec les questions qui l'ont traversée et l'évolution de ses méthodes. La première observation remonte en effet au célèbre naturaliste anglais Charles Darwin, à la fin du siècle dernier, mais l'approche scientifique et approfondie du problème est tout à fait récente, et date des vingt dernières années.

À QUEL ÂGE L'ENFANT S'IDENTIFIE-T-IL ?

De 1870 à 1950 environ, les réactions devant le miroir intriguent tous les pionniers de la psychologie de l'enfant, mais elles ne sont pas étudiées pour elles-mêmes. Les grands débats portent sur le développement de l'intelligence, les problèmes de la conscience et de la pensée. C'est l'époque de la méthode d'observation dite "naturaliste" qui consiste, pour ces premiers psychologues, à tenir un journal de l'évolution de leurs propres enfants, dans le cadre familial (le "journal" est d'ailleurs un merveilleux outil d'observation qu'on ne saurait trop recommander à tous les parents...). Les miroirs faisant partie du décor, ils notent parfois quelques réactions qui leur paraissent montrer que l'enfant établit un rapport entre le reflet et ce qui le produit, qu'il comprend en somme les propriétés réfléchissantes du miroir, et donc qu'il se reconnaît.

À quel âge l'enfant se reconnaît-il dans le miroir ? Une revue rapide de ces premières notations donne les réponses suivantes : selon Wilhem Preyer (1887)[9], citant Charles Darwin (1877)[10], c'est à 9 mois, mais lui-même n'en voit des signes chez son fils qu'à 14 mois, voire 17 mois. Selon Paul Guillaume (1926)[11] et Jean Piaget (1945)[12], c'est vers 11 ou 12 mois. Selon Jacques Lacan (1938)[13] qui cite James Mark Baldwin (1897)[14], c'est à 6 mois...

On reste stupéfait devant un tel bilan ! Comment peut-il y avoir autant d'écart pour dater un même phénomène... et pendant si longtemps ? La réponse, la voilà : ils ne se basent pas sur les mêmes comportements !

Pourquoi l'enfant se reconnaît-il dans le miroir ?

– Parce qu'à 6 mois il manifeste une grande jubilation (Lacan).

– Parce qu'à 9 mois il associe son nom à l'image du miroir (Darwin).
– Parce qu'à 1 an il se retourne vers un objet vu dans le miroir (Piaget) ou touche un chapeau sur sa tête en se regardant (Guillaume)...
– Parce qu'à 14 mois il se retourne vers sa mère vue dans le miroir, ou qu'à 17 mois il se fait des grimaces (Preyer).

Il est facile d'argumenter qu'aucun de ces signes n'est vraiment irréfutable pour témoigner de la reconnaissance de soi : ou bien il s'agit de réactions qui ne concernent pas directement l'image de soi, mais celle des autres personnes et des objets, ou bien les comportements évoqués – la jubilation, les grimaces – sont des conduites de communication que l'enfant pourrait tout autant adresser à "un autre enfant" vu dans le miroir...

On a l'impression que chaque observateur, occupé par une question qui n'était pas le miroir en tant que tel, s'est arrêté au premier signe trouvé ! Peut-être parce que les premiers psychologues ont été pris, eux aussi, comme tout un chacun, dans l'illusion que la reconnaissance de soi était quelque chose d'évident[15] ? La notoriété de Charles Darwin ou de Jacques Lacan aidant, on a ainsi admis pendant presque quatre-vingts ans, et sans plus de vérification, que l'enfant se reconnaissait très tôt dans le miroir, en tout cas avant 1 an.

Avec les premières échelles de développement mental, qui apparaissent d'abord en France (la célèbre échelle d'intelligence de Binet et Simon vers 1910), puis aux États-Unis vers 1930, la psychologie se dote d'une nouvelle méthode d'observation qui fondera ensuite le développement des tests psychologiques. Au lieu d'observer en profondeur et en continu un seul enfant, on va observer systématiquement (par exemple tous les mois), et dans les mêmes conditions, de grands nombres d'enfants d'âges échelonnés. On cherche, pour chaque comportement de l'échelle, à quel âge il devient fréquent pour la majorité des enfants : cela permet de décrire les étapes du développement de la motricité, du langage, de l'intelligence, de la sociabilité. Quelques-unes des échelles américaines[16] incluent un miroir dans leur matériel de test, mais ne retiennent finalement qu'une seule conduite qui leur paraît significative : lorsque l'enfant désigne l'image du miroir par son nom, ou dit "C'est moi". Ce comportement étant observé chez 67% des enfants de 2 ans, les auteurs en concluent que la reconnaissance de soi doit se situer entre 2 et 3 ans. Reprenant le même critère en 1948, René Zazzo note que son fils se nomme dans le miroir par son prénom à 27 mois et en disant "C'est moi" à 32 mois.

On est loin des 9 mois de Charles Darwin et des 6 mois de Jacques Lacan... On pourrait même dire que le problème se complique... En fait, il devient clair à cette époque que la question "À quel âge l'enfant se reconnaît-il ?" renvoie à une autre question : "Sur quels critères se base-t-on pour l'affirmer ?" Il devient clair aussi qu'il ne pourra y avoir de réponse que par une observation enfin systématique et approfondie des réactions de l'enfant. D'ailleurs, les grandes questions de la psychologie ont évolué : on s'intéresse à la construction de la personnalité, au développement de la conscience de soi. Et c'est dans ce cadre que l'on commence à comprendre, grâce au psychologue français Henri Wallon[17], l'importance et la difficulté de l'identification de soi dans le miroir.

À QUOI SERT LE MIROIR ?

Un élément indispensable à la construction de la personnalité chez le petit enfant, dit Henri Wallon, c'est qu'il arrive à une conscience cohérente et unifiée de son corps, qu'il acquière son "schéma corporel". Ce n'est pas simple, car le bébé ne sait pas tout d'abord où se situe la limite entre son corps et le monde extérieur. Il va peu à peu le découvrir, au cours de sa première année, en jouant avec ses mains et ses pieds, en les portant à sa bouche, en palpant son corps, en expérimentant les effets de toutes sortes de mouvements nouveaux, ou de postures nouvelles, en jouant avec son entourage. La coordination de ce que l'enfant voit en même temps qu'il le ressent est très importante, de même que les comparaisons qu'il établit entre le corps des autres et le sien. Quand il s'agit des objets ou des personnes extérieures à lui, c'est vers un an que le bébé arrive à en avoir une idée objective : il devient capable de concevoir qu'ils existent encore, même s'il ne les voit plus momentanément, parce qu'il s'en est fait une représentation "dans la tête". De même, pour avoir conscience de

son identité physique, il va devoir construire une représentation mentale de son propre corps. La conscience objective de soi est le résultat d'un long travail de décentration qui consiste à se voir soi-même comme on voit les choses et les personnes, comme un objet parmi les autres.
C'est ici que le miroir joue son rôle, dit Henri Wallon. Pour l'enfant, le miroir est une source d'exploration, un procédé grâce auquel il va avoir une vision complète de lui-même, extérieure à lui. Ce n'est pas le miroir qui crée la conscience de soi, car elle se construit dans toutes les actions de la vie quotidienne, mais il contribue à construire l'image objective de soi.
Pour le psychologue, ou le parent qui regarde grandir son enfant, le miroir est comme un révélateur qui montre par quelles étapes et par quelles difficultés l'enfant passe pour constituer son identité corporelle. Lorsque l'enfant sait identifier l'image visuelle du miroir, dire "C'est moi" à propos de cette image extérieure à lui, cela signifie qu'il a construit une représentation mentale de lui-même, qu'il a pu intégrer dans une intuition d'ensemble tout ce qui se rapporte à son aspect physique. Le double visuel identifié révèle que l'enfant a construit un double mental de lui-même, qu'il peut se représenter à quoi il ressemble.

COMMENT L'ENFANT S'IDENTIFIE-T-IL ?

Entre 1948 et 1970, quelques chercheurs français et américains commencent à explorer vraiment les conduites de l'enfant devant le miroir, pour elles-mêmes, en les situant clairement dans la perspective du développement de la conscience de soi[18]. Du point de vue méthodologique, ce sont toujours des observations faites dans le cadre familial, mais elles portent sur un plus grand nombre d'enfants et balaient une large période d'âge, de 1 mois à 3 ans. Elles constituent surtout comme un raccourci ingénieux de toutes les idées de recherche développées ultérieurement : on utilise des petits et des grands miroirs, on compare les réactions à l'image des autres et à l'image de soi, à différents types d'images (miroir, photo et film), on observe des jumeaux... Ces études confirment ce que l'on subodorait : il faut bien deux ans pour que l'enfant puisse, d'une façon stable et

sans conduites contradictoires, identifier son image dans le miroir.
Elles montrent aussi, de façon tout à fait concordante, que tous les enfants observés passent d'âge en âge par les mêmes phases de réactions, parmi lesquelles on retrouve le sourire, la jubilation, le retournement vers les personnes, la désignation par le prénom, etc., toutes conduites autrefois considérées comme des critères de la reconnaissance de soi, et qui se révèlent en être seulement des jalons, à différents âges.
Avec ces recherches, toute la compréhension du phénomène de l'identification de soi a changé : l'identification de l'image de soi n'est pas un événement soudain, une brusque illumination de l'enfant un beau matin, mais un long processus, une lente construction, comportant différentes étapes.
La question qui intéresse les psychologues change donc aussi : ils vont continuer de se demander "à quel âge" l'enfant s'identifie, en cherchant à mieux préciser les critères d'évaluation, mais surtout il vont se demander "par quelles étapes" l'enfant s'identifie d'âge en âge.
À partir de 1970, relancées par l'apport des observations sur les animaux, les recherches sur les réactions de l'enfant devant le miroir entrent dans une phase très active, en France comme aux États-Unis. La psychologie a changé, l'observation bénéficie de méthodes plus rigoureuses et de moyens techniques nouveaux (on peut filmer les enfants, ce qui permet des analyses beaucoup plus approfondies). Ce sont ces recherches qui nous permettent maintenant de décrire les étapes de l'identification de l'image de soi (voir chapitre suivant) et de préciser les réactions-tests qui peuvent marquer la stabilisation, sinon l'achèvement du processus pour l'enfant (voir le chapitre *Les réactions-tests du miroir*).
Vers 1980, la question qui agite les psychologues évolue encore en s'approfondissant : on ne cherche plus quand ni par quelles étapes chronologiques l'enfant s'identifie, mais comment il le fait, en se servant de quelles informations fournies par l'image ? On en a déjà quelque idée après avoir observé comment il réagit devant le miroir au fil des mois, mais il faut les confirmer. On s'intéresse alors aux autres doubles visuels de l'enfant, à la photographie, à l'image vidéo, à l'ombre, et on se sert des différences

entre tous ces types d'image. Certains bougent avec l'enfant, d'autres pas, certains donnent une image complète, d'autres beaucoup moins... On compare donc les réactions des mêmes enfants à des types d'image de soi différents pour tenter de comprendre les éléments de l'image les plus importants pour s'identifier (voir les chapitres *L'ombre, La photo* et *L'image vidéo*).

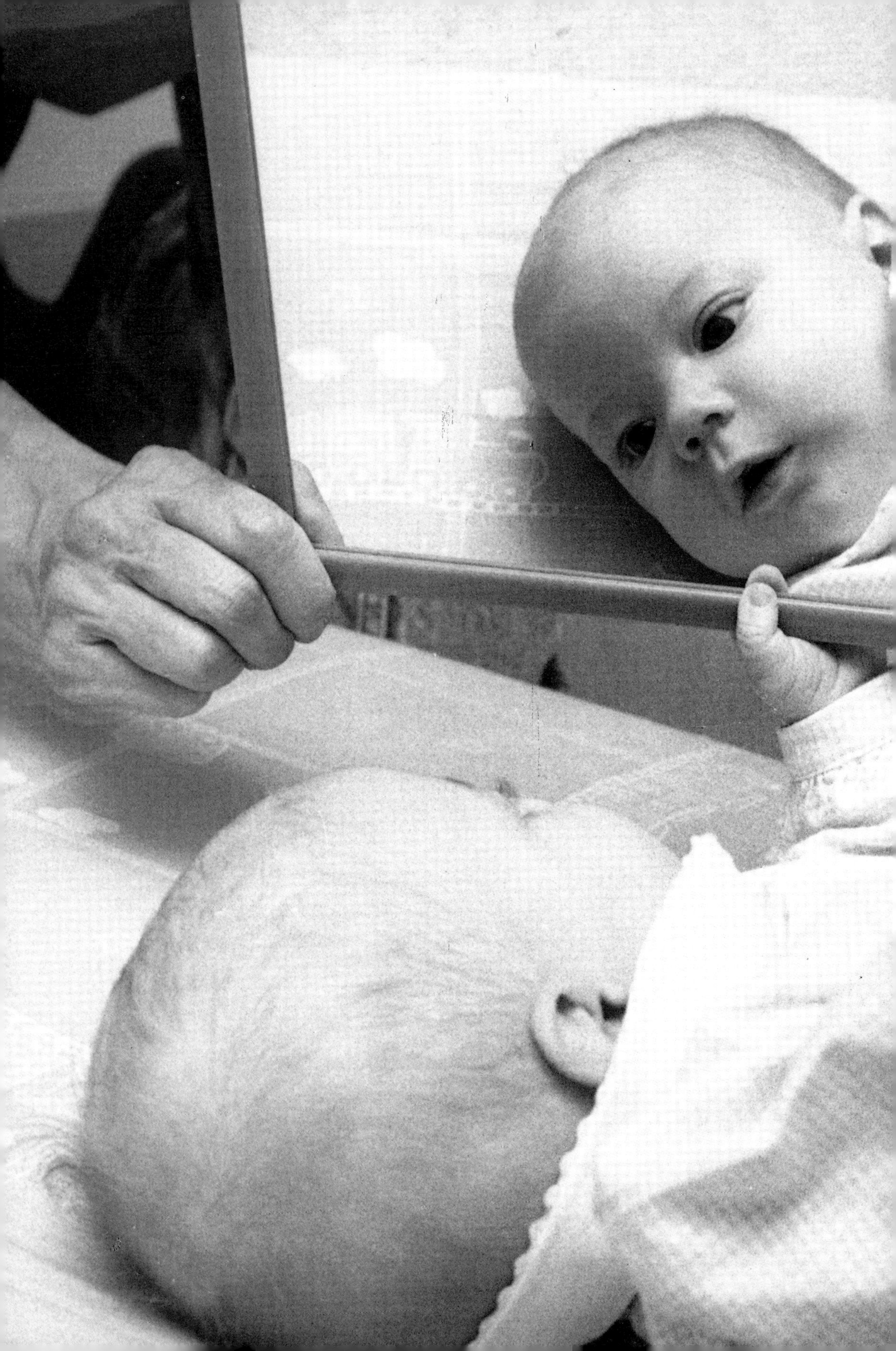

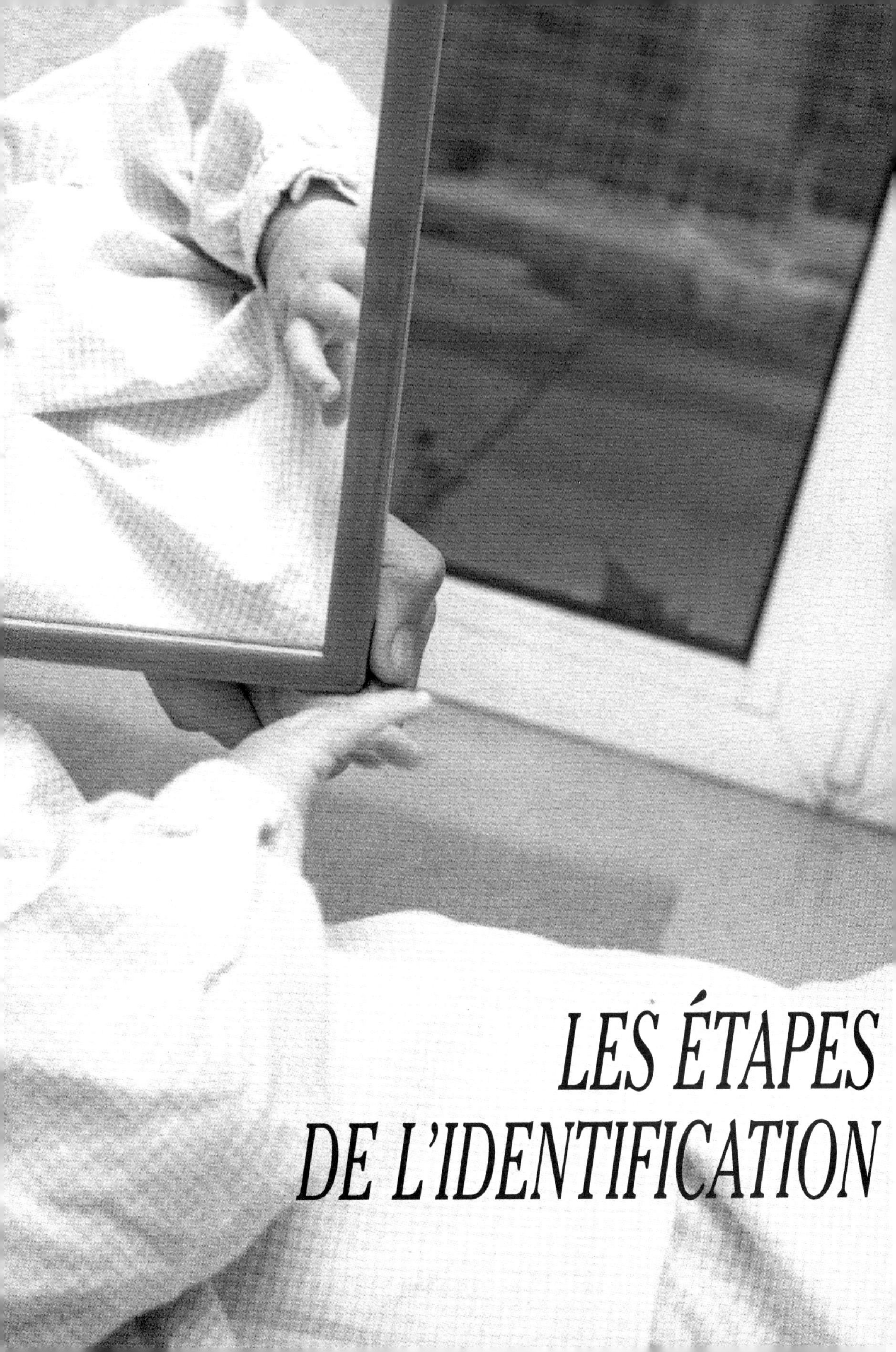

LES ÉTAPES DE L'IDENTIFICATION

Lorsqu'un bébé rencontre cette surface étrange que l'on appelle une glace, comment va-t-il se rendre compte qu'elle ne "fonctionne" pas comme d'autres surfaces qu'il connaît ? Il y a celles où l'on marche, celles où l'on pose des objets, celles qui empêchent de voir ce qu'il y a dans la pièce voisine, celles que l'on peut ouvrir pour aller justement dans cette pièce, ou au-dehors, et puis celles qui permettent de voir dehors même sans les ouvrir... Et puis il y a cette chose-là, le miroir, qui ressemble un peu à certaines autres surfaces, mais pas tout à fait : on y voit des choses et des personnes familières, et puis un bébé qui se trouve toujours là... Comment l'enfant qui regarde le miroir va-t-il découvrir que ce bébé en face a quelque chose à voir avec lui, et finalement que ce bébé, c'est lui ?

Comment Jérémie va-t-il identifier le bébé qui lui sourit dans la glace ?

Au cours des vingt dernières années, une dizaine de recherches[19] ont permis de recenser précisément les différentes réactions des enfants devant le miroir. L'observation des animaux, dont certaines réactions sont semblables à celles des enfants, apporte aussi un éclairage tout à fait intéressant.

On peut dire qu'on observe trois grands types de réactions qui s'organisent progressivement d'âge en âge : certaines montrent que l'enfant semble ne faire aucun lien entre l'image qu'il voit dans le miroir et l'objet ou la personne qui produisent ce reflet, d'autres montrent au contraire qu'il découvre et explore très activement les liens qui existent entre les deux, les dernières enfin mettent en évidence qu'il n'a plus besoin d'explorer et qu'il cesse de considérer le reflet comme une "réalité". Cette progression n'a rien de rigide : il y a, chez tous les enfants, des périodes charnières, qui durent souvent plusieurs mois, où l'on observe simultanément des réactions d'un type coexistant avec celle du type précédent. Cela se vérifie aussi dans le chevauchement des repères d'âges donnés pour les différentes réactions.

MIROIR OU VITRE ?

L'ILLUSION

Premier intérêt *(de 1 à 4 mois)*

Pendant les quatre premiers mois, les réactions des bébés devant le miroir dépendent beaucoup de la position de l'enfant. Dès l'âge de 1 mois, l'enfant peut réagir au miroir à condition qu'il se trouve en position couchée, le miroir proche de son visage (par exemple un miroir de 20 centimètres sur 30 que l'on tient au-dessus de lui). Il le fixe très sérieusement puis, de semaine en semaine, y réagit comme lorsqu'il voit un visage qui se penche au-dessus de lui : il s'agite, grimace, sourit, vocalise, s'arrête de crier. Ces réactions deviennent nettes vers 2 à 3 mois, et l'attention peut alors être soutenue jusqu'à plusieurs minutes.

Joséphine sourit et "parle" à son image comme lorsqu'elle voit un visage familier.

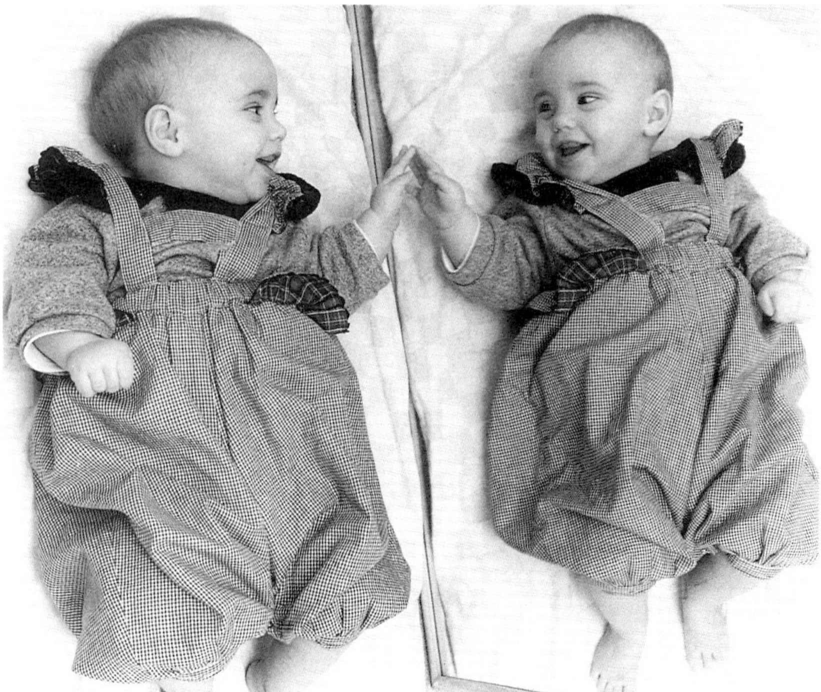

En position verticale, la plupart du temps il ne prête aucune attention au miroir, paraît indifférent. Les sourires et autres signaux de communication sont très faibles, et n'apparaissent, dans cette position, que vers 4 mois. Pourquoi cette différence ? Parce que tout est nouveau pour le bébé, et que ses premiers repères visuels s'étant faits en position couchée, lors de la mise en position assise il doit s'en fabriquer de nouveaux, dans un environnement devenu tout à coup beaucoup plus vaste. Cela l'occupe tellement qu'il perd un moment ses réactions nouvellement acquises.

Entre 6 et 12 mois, les réactions de sociabilité dominent devant le miroir. Eva rit et tape sur le miroir.

Vitre ou miroir ? Delphine va-t-elle faire la différence entre son image dans le miroir et sa jumelle derrière la vitre ?

Lorsque le bébé voit deux visages dans le miroir, le sien et celui d'un de ses parents, il fixe généralement davantage celui du parent que le sien. S'il voit dans le miroir son visage et celui d'une personne étrangère, il regarde davantage le sien ! Cette préférence pour le visage du familier s'observe encore, en s'atténuant, jusqu'à 8 mois ; ensuite l'enfant préfère regarder, dans tous les cas, son propre visage[20].

Un autre enfant en face ? (de 6 à 12 mois)

Lorsque le bébé commence à réagir au miroir, tout se passe comme si l'image était une personne familière. À partir de 4 mois, mais surtout de 6 mois, l'enfant adresse à l'image de grands sourires, des vocalises, avec toute une agitation de plaisir, et des vélléités de contacts que la glace arrête : il tend les bras, tape sur l'image, la caresse, l'embrasse, offre un jouet... Tout se passe comme s'il réagissait à la vue d'un autre enfant séparé de lui par une vitre. Pour en avoir le cœur net, les chercheurs français ont étudié cette comparaison vitre-miroir[21]. Ils ont installé des enfants, âgés de 6 mois à 3 ans, devant un grand miroir fixé sur un panneau coulissant ; ils ont filmé leurs réactions, puis poussé le panneau dont la deuxième partie est une vitre, derrière laquelle on a placé un autre enfant du même âge.
René Zazzo va jusqu'à faire cette comparaison avec des enfants jumeaux, eux seuls permettant (surtout les jumeaux identiques) d'assurer une apparence semblable à l'image de soi et à l'autre enfant derrière la vitre. L'enfant va-t-il faire une différence ? Avant 12 mois, non. Les réactions de communication sont communes aux deux situations : les bébés regardent, sourient, vocalisent, tapent sur la surface, aussi bien vers leur reflet que vers l'enfant derrière la vitre. On note toutefois des différences de "style" de communication : davantage de dynamisme, de mouvements des mains et du corps avec la vitre et, par contre, davantage de sourires, de vocalises et de contacts sur la surface avec le miroir. Après 12 mois, les réactions se différencient très nettement, avec l'arrêt des tapements et l'apparition de conduites tout à fait spécifiques dans la situation miroir, alors que la communication continue de part et d'autre de la vitre, avec des tapements en alternance, des rires, des jeux de "main sur main, nez sur nez, bouche sur bouche"...

La même comparaison vitre-miroir a été effectuée chez l'animal, en particulier le macaque adulte, et le chien observé de 1 mois à l'âge adulte[22]. Jusqu'à 2 mois, le petit chiot jappe, frétille de la queue, flaire, cherche à sauter... devant son image, comme devant un autre chiot puis, comme chez l'enfant, les réactions se différencient. Chez les chats[23], le miroir ne suscite d'intérêt qu'entre 1 mois et 2 mois et demi : le chaton miaule, flaire, tape le miroir avec ses pattes, saute dessus, le mord, fait le gros dos... toutes réactions qu'il pourrait avoir devant un autre chat ou un objet réel. Ensuite, l'intérêt du miroir décline, et après 3 mois, le chaton se contente de le flairer et de se détourner. Chez les macaques adultes, les réactions sociales (de menace, de salutation, d'attaque...) sont présentes les deux premiers jours, devant le miroir comme devant la vitre. Là aussi, on note une différence de "style": devant le miroir, le macaque a plutôt des réactions de soumission, alors que devant la vitre il se montre plus agressif. À partir du troisième jour, l'attitude devant le miroir devient socialement "neutre", et d'autres conduites se développent. C'est aussi ce qui se passe avec les chimpanzés[24].

Tous les animaux ont des réactions "sociales" devant le miroir : menace, attaque, salutation... Ici, réaction de menace d'un macaque face à son image.

'mmobile devant le miroir Delphine se 'egarde. Face à sa sœur jumelle derrière 'a vitre, elle rit et tape...

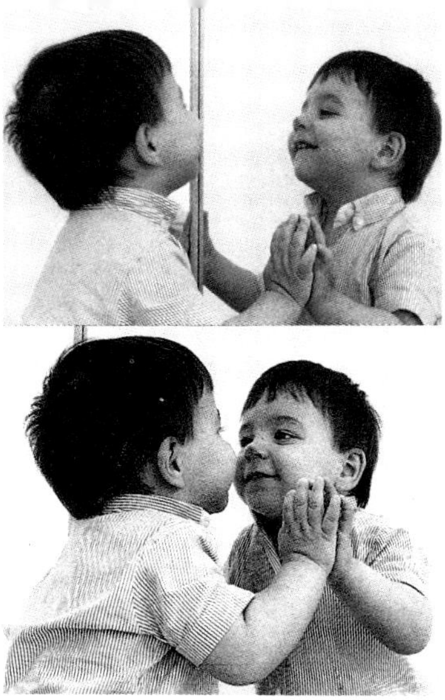

Martin sourit et "embrasse" son image dans le miroir.

L'illusion de la profondeur (de 6 à 15 mois)

Avant 6 mois, avec un petit miroir en main, le bébé pouvait soit le regarder, soit le toucher, en sucer le bord, comme un objet, mais séparément. Après 6 mois, il met en relation les deux choses et ne touche plus n'importe quel endroit du miroir : il touche l'image à l'endroit de son reflet, la caresse, la frotte, la tape, y colle sa bouche, sans se lasser. L'aspect répétitif des gestes de contact est tout à fait frappant quand on regarde agir le bébé. Peut-être est-il dû au blocage de la main qui rencontre inopinément la surface dure de la glace, ce qui surprend le bébé et l'incite à recommencer... D'ailleurs, certains mouvements sont visiblement stoppés dans leur élan : l'enfant tend brusquement la main, heurtant le miroir, tout étonné par l'arrêt de son geste, ou bien il essaie de prendre quelque chose en refermant la main sur le miroir, il gratte la surface ou, s'il se tient debout, il essaie de "grimper" sur le miroir. Si celui-ci est manipulable, ou non fixé au mur, cela devient encore plus spectaculaire : le bébé passe la main derrière et attrape dans le vide, ou bien contourne la glace, et revient tout étonné...

L'exploration tactile de la surface du miroir et l'illusion de la profondeur s'observent aussi chez beaucoup d'animaux, chez le chat jusqu'à 2 mois et demi, chez le chien jusqu'à 6 mois, et surtout chez les singes où les mouvements de mains et les postures ont des ressemblances tout à fait étonnantes avec les attitudes de l'enfant.

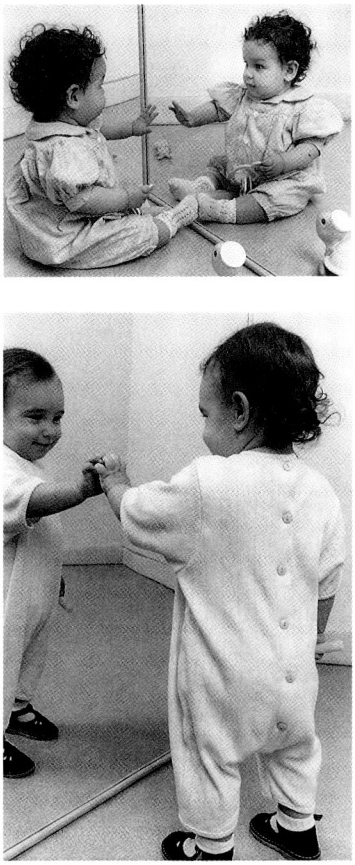

Longtemps les enfants touchent, grattent, tapent, ou essaient d'attraper l'image du miroir...

Le singe aussi explore de la main cette étrange surface...

Ce premier ensemble de comportements – sourire, gazouiller, toucher, frotter, essayer de prendre sur le miroir ou derrière – montre l'enfant entièrement focalisé sur l'image, happé par elle, la traitant comme une réalité avec laquelle il essaie d'entrer en contact. Ces réactions s'observent entre 4 et 15 mois, avec une période plus intense entre 6 et 12 mois. Dans toutes les recherches, on note la disparition des réactions de communication après 15 mois (à l'exception du sourire qui s'efface aussi mais réapparaît par la suite). Les comportements d'illusion de profondeur ou les explorations tactiles ne disparaissent pas vraiment, car elles se transforment en expérimentations systématiques. Chez de nombreux animaux, les réactions sociales et l'exploration s'estompent aussi mais, dans la plupart des espèces, elles ne se transforment pas en expérimentations comme chez l'enfant : elles virent plutôt à l'indifférence envers le miroir, comme si, à la longue, l'animal de la glace s'avérait vraiment décevant, sans odeur pour l'identifier et, de plus, incapable de répondre correctement aux signaux amicaux ou agressifs que lui adressent ses congénères... Inintéressant, vraiment !

Guillaume est intrigué : pourquoi ne trouve-t-il rien derrière le miroir ?

Les bébés, au contraire, se montrent de plus en plus intrigués par le miroir, et commencent à découvrir qu'il y a un "truc" à comprendre !... C'est comme la perte de l'innocence première. On s'en aperçoit à travers deux grands types de réaction : ils se lancent dans toutes sortes de jeux montrant qu'ils découvrent des similitudes entre ce qu'on voit dans la glace et ce qui se trouve devant, et puis aussi, progressivement, ils changent d'humeur vis-à-vis du miroir, devenant plus sérieux, voire plus inquiets, jusqu'à ne plus avoir envie de se regarder. Tout cela commence vers 9 mois et s'intensifie surtout entre 15 et 24 mois.

Les yeux de Paul font un va-et-vient entre sa mère et le miroir : Tiens... c'est la même !

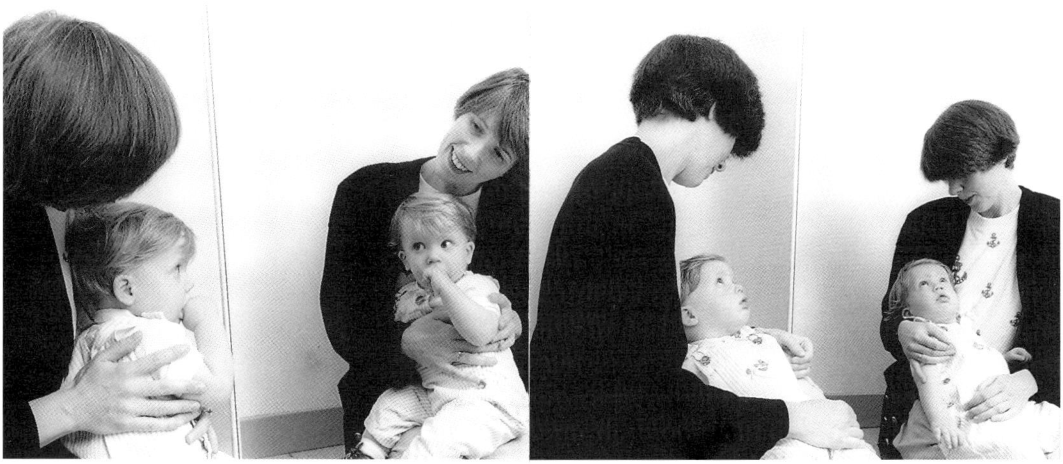

Tiens ! on voit pareil !

Voilà un bébé de 9 ou 10 mois : il tient assis et se déplace seul, à quatre pattes ou déjà un peu debout. Du coup, les occasions de se trouver devant une glace se font plus nombreuses et plus variées. Parfois ce sera dans les bras de ses parents, parfois tout seul, devant le miroir de la maison ou celui de la crèche. Il est très content de voir le miroir, il tape, il sourit... mais, par moments, au lieu de ne regarder que le reflet dans la glace, il commence à faire des va-et-vient du regard entre la glace et les choses ou les gens qui sont devant. Il commence aussi à établir des comparaisons qui vont l'amener à repérer le premier "truc" du miroir, à savoir que tout va par deux !

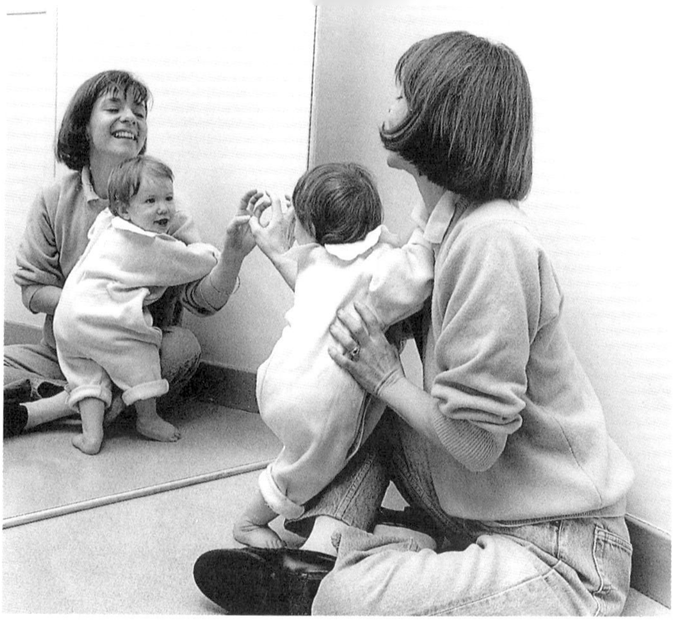

Il y a deux mamans ! *(de 9 à 12 mois)*

C'est pour les personnes familières qui se regardent dans le miroir en même temps que lui, que le bébé remarque d'abord la similitude entre ce qu'on voit dans le miroir et devant. Le retournement vers la personne qui tient l'enfant dans les bras, ou est à côté de lui devant le miroir, est fréquemment noté dans les recherches vers 9 ou 10 mois[25]. Un peu plus tard, les enfants ne se contentent pas de faire un aller et retour visuel entre le reflet et la personne ; ils peuvent aussi regarder la personne et toucher ensuite son image ou, au contraire, regarder dans le miroir puis toucher la personne elle-même. Ce retournement peut être observé encore plus tôt, dès 6 mois, dans certaines conditions qui facilitent le repérage pour l'enfant : si la personne est très proche de la glace et que son "vrai" visage se trouve tout près du reflet, ou si elle donne des indices concrets de sa présence, en parlant ou en touchant l'enfant, ou encore si se regarder à deux est une situation très fréquente, voire une source de jeux de cache-cache avec les parents.
On pourrait croire que, dès cet âge (vers 9 ou 10 mois), l'enfant a compris que l'image était un reflet, puisqu'il se retourne... Mais un comportement contradictoire tout à fait intéressant montre que ce n'est pas le cas : au moment même où l'enfant se tourne vers la personne vue dans le miroir, il essaie de prendre son image derrière le miroir, et il continuera jusque vers 16 mois[26]...

Il y a deux mamans... Mais où est l'autre ?

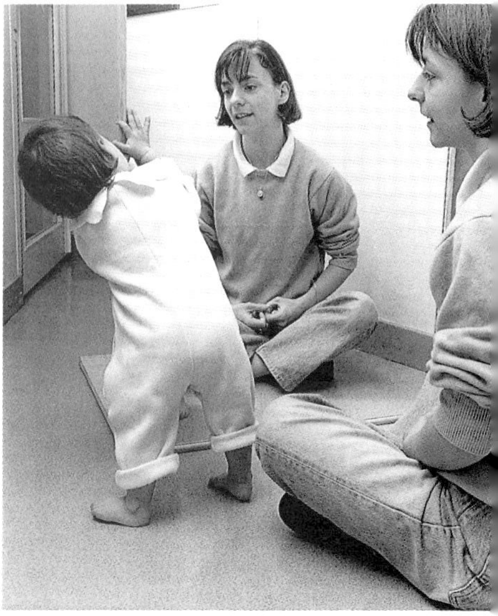

Pour prendre la balle, Alice va-t-elle faire un geste vers le miroir, ou à côté d'elle ?

Tout va par deux ! *(de 15 à 24 mois)*

C'est également vers 9 ou 10 mois que l'enfant s'intéresse spontanément au reflet des meubles, des éléments de la pièce ou des objets qu'il voit dans le miroir. Mais il se retourne spontanément vers eux beaucoup plus tard que vers ses parents, probablement parce que les objets ne bougent pas, ne font pas de bruit... donc se révèlent beaucoup moins excitants que les parents ! Quelques enfants commencent à se retourner vers 15 mois si l'objet aperçu est proche d'eux, mais cette réaction est loin d'être générale. Dans l'une des recherches, on a placé une petite balle rouge à côté et un peu en retrait des enfants qu'on observait devant le miroir. À 15 mois, 50% d'entre eux seulement se retournent vers la balle[27]. Au cours d'autres observations, lorsque l'objet apparaît par surprise, et plus loin derrière les enfants, ils ne se retournent pas avant 18 mois, voire 2 ans pour la majorité. Il est probable que cette réaction dépend de nombreux facteurs : l'habitude du miroir, la familiarité de l'objet, sa proximité, le fait qu'il bouge ou non...

Ces réactions de retournement existent aussi chez l'animal, mais seulement chez les primates. Elles demandent donc un certain niveau de développement cérébral. Par apprentissage, les macaques, et bien sûr les chimpanzés, deviennent capables de repérer correctement une banane placée derrière eux, grâce à un miroir[28] : ils savent, en somme, se servir d'un rétroviseur...

Martin est très intéressé par ce qu'il voit dans le miroir, il ne se retourne pas encore pour comparer.

Ça bouge en même temps que moi !

Tous les chercheurs, et tous les parents, ont remarqué que, devant le miroir, les enfants font toutes sortes de mimiques et de mouvements répétitifs, sans quitter l'image des yeux. Ces réactions débutent vers 9 mois et durent très longtemps puisqu'elles se prolongent jusqu'à 2 ans, la période d'intérêt maximum se situant entre 15 et 24 mois. Chaque fois que le bébé est devant la glace, l'autre bébé s'y trouve ; chaque fois qu'il bouge, l'autre bouge aussi. C'est la constance de cette simultanéité des mouvements, celui de la glace qu'on regarde et celui du corps qu'on ressent, qui frappe l'enfant, et l'amène à découvrir que le "bébé d'en face" a quelque chose de commun avec lui, que le "truc" du miroir marche aussi pour lui, et pas seulement pour les autres. Cela se fait progressivement, en commençant par les parties visibles du corps que le bébé peut comparer avec le modèle.

Jeux de mains *(de 9 à 18 mois)*

Regardons un bébé de 9 ou 10 mois devant un miroir. Il approche sa tête en babillant, colle sa bouche, se recule, sourit, agite ses bras et, tout à coup, il s'immobilise brusquement dans son mouvement et fixe le reflet de sa main... ou bien il frotte le miroir avec énergie, s'arrête soudain, et observe attentivement sa main posée. Ces réactions "d'arrêt" sont importantes : c'est la première prise de conscience nette que le miroir ne fonctionne pas comme une vitre. L'enfant vient de découvrir le synchronisme du miroir, et cela l'occupera de longs mois pendant lesquels, sans le savoir, il coordonne, pour chaque partie de son corps, ses sensations corporelles avec l'image visuelle correspondante.

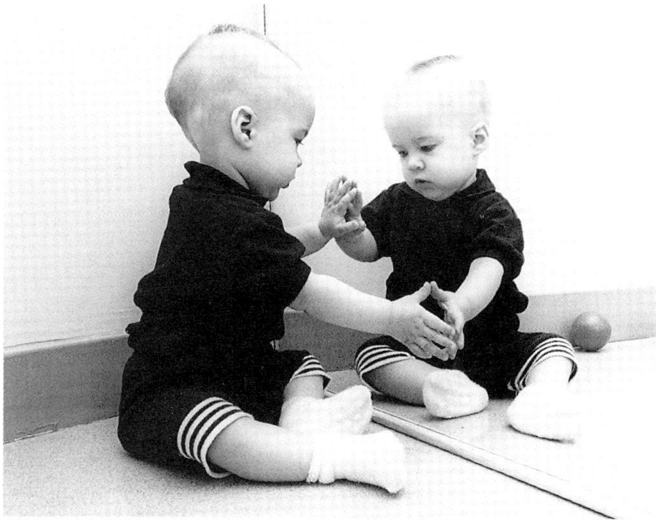

Expérience-clé de l'identification : la découverte du synchronisme des mouvements des mains et des pieds dans le miroir.

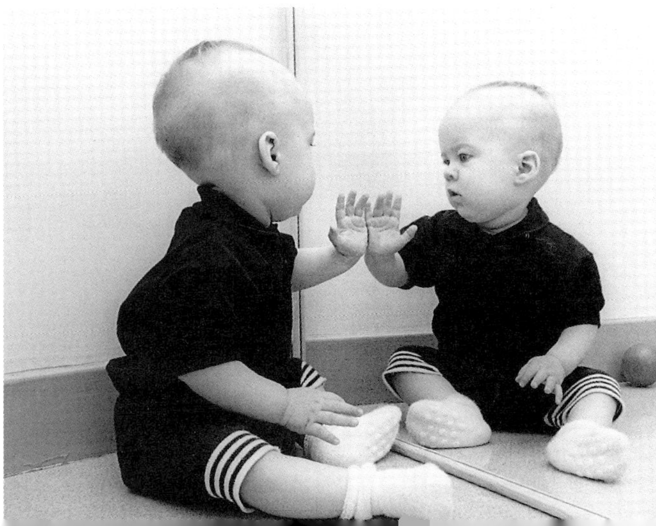

Les réactions d'arrêt se prolongent le plus souvent par la reprise du mouvement qui avait surpris mais, cette fois, l'enfant refait le geste au ralenti, et le répète plusieurs fois, tout en gardant les yeux fixés sur l'image. Il ouvre et ferme sa main, la colle et la décolle du miroir, approche et bouge doucement les doigts un à un sur la surface, applique ses mains tout en haut du miroir et les glisse lentement jusqu'en bas, etc. Il peut faire de même avec un pied qu'il tape ou frotte contre le miroir en observant attentivement ce qui se passe. Ces expérimentations des mouvements synchrones avec l'image commencent en général au contact même de la surface du miroir, vers 9 mois, et se prolongent, avec des variantes diverses, à distance du miroir, pendant toute la deuxième année, avec un intérêt maximum autour de 15 mois.

Les jeux de mains et de pieds devant le miroir sont une des occupations favorites des enfants entre 9 et 18 mois.

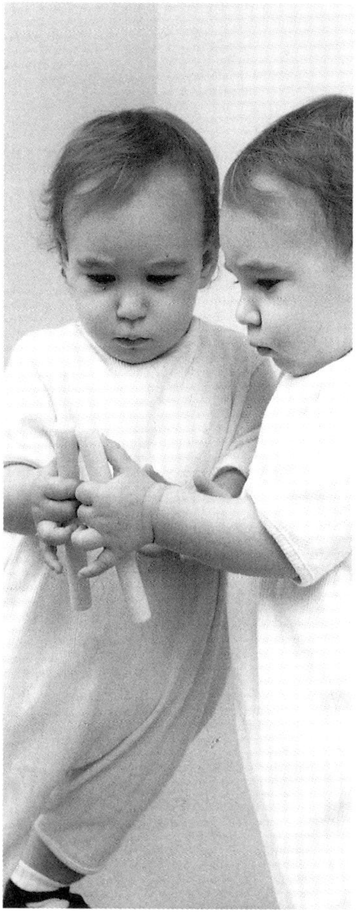

En même temps que les jeux avec le synchronisme des mouvements des mains et des pieds, et certainement grâce à eux, les comparaisons visuelles vont bon train. L'enfant regarde alternativement la main et son reflet, le pied et son reflet, le dessin de son tee-shirt et son reflet... Il montre ainsi qu'il commence à établir des correspondances terme à terme entre les parties visibles de son corps et leur reflet.
Souvent, il semble même vérifier le "terme à terme" : il s'approche du miroir, et fait coïncider le plus possible, en la mettant bien à plat, sa main (ou sa semelle de chaussure, ou le dessin de son tee-shirt) sur le reflet correspondant du miroir. Parfois, l'enfant colle son front, sa joue, son corps même tout entier contre le miroir.

Main sur main, joue sur joue... C'est bien pareil.

Jeux de visage *(de 18 à 27 mois)*

Les expérimentations des mouvements se poursuivent mais, à partir de 18 mois et jusqu'à 24 mois et même au-delà, elles se concentrent surtout sur le visage et la tête : devant le miroir, l'enfant fait des grimaces, ouvre et ferme la bouche, tire la langue, plisse les yeux, fronce les sourcils, remue la tête... Ici, la comparaison visuelle terme à terme n'est pas possible, comme avec les mains ou les pieds ; l'enfant ne peut donc expérimenter la correspondance synchrone de ses sensations et du "spectacle" visuel sur l'image que par l'exercice de mouvements répétés. Nombre d'enfants passent de longs moments à se regarder devant le miroir un doigt dans la bouche, ou en train de manger quelque chose... Il est fort probable que la sensation tactile du doigt ou de la nourriture dans la bouche renforce la prise de conscience des rapports entre la bouche "ressentie" et son image "vue" sur le miroir. Grâce à ces explorations, l'enfant apprend petit à petit son visage...

L'exploration des correspondances du corps avec l'image, surtout par l'expérimentation du synchronisme des mouvements, n'est observée chez l'animal qu'au plus haut niveau de l'évolution, chez les singes supérieurs. Au contraire des autres animaux qui se désintéressent du miroir, l'intérêt des chimpanzés

Doigt dans la bouche et grimaces... Visage ressenti en même temps que vu... C'est ainsi que l'on apprend peu à peu "son" visage.

pour leur image ne tarit pas : ils jouent avec elle, effectuant toutes sortes de mimiques et de mouvements dont ils contrôlent l'effet sur le miroir[29]. Par contre, les macaques, aussi longtemps qu'ils ont à leur disposition un miroir, ne présentent jamais ce genre d'attitudes. Comme les chiens, ils adoptent des comportements répétitifs face au miroir, que l'on pourrait qualifier de "stéréotypés": ils secouent un membre, ou ont des mouvements de tête contre le miroir comme s'ils étaient "aimantés", pris dans une réaction circulaire dont ils ne peuvent sortir. Les réactions d'arrêt et les expérimentations sont le propre des singes supérieurs et de l'enfant.

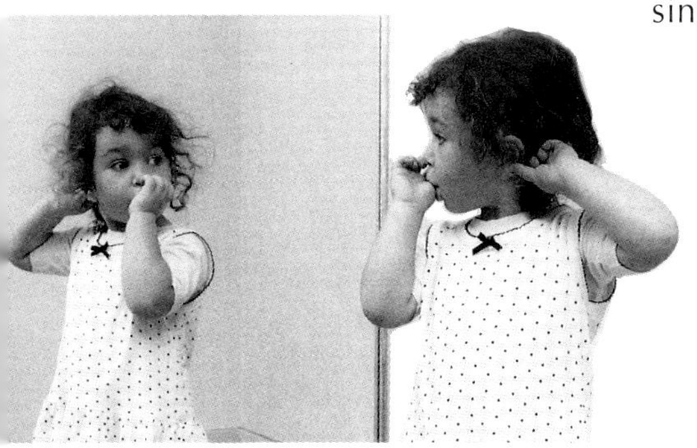

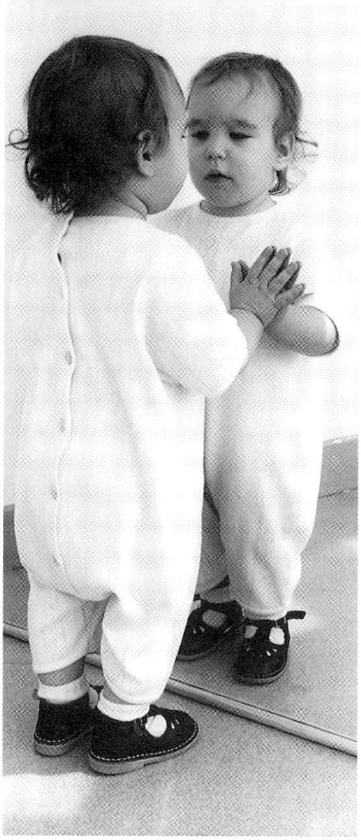

Sarah est comme aimantée par son propre regard. Thomas, lui, se regarde en biais.

Fascination et évitement (de 18 à 24 mois)

Alors qu'avant 15 mois, l'enfant avait des réactions de plaisir devant le miroir, souriait et jouait avec l'image, on le voit de plus en plus ensuite s'immobiliser, rester parfois très à distance, ou se reculer d'un mètre ou deux. Cette attitude s'accompagne d'une conduite du regard curieuse, soit "fascinée", avec une fixation très intense du reflet, soit au contraire "fuyante": l'enfant baisse la tête ou la détourne, gêné, jetant parfois des coups d'œil en coin au miroir ; et si on insiste, il refuse de se regarder et s'en va. Ces conduites, notées dans toutes les recherches à partir de 15 mois et jusqu'à 2 ans et demi, sont très fréquentes entre 18 et 24 mois[30].

René Zazzo les avait notées le premier, en 1948, et en avait été très intrigué : son fils alors âgé de 25 mois avait brusquement rougi devant le miroir et détourné la tête pour ne plus se voir. René Zazzo pensa que cela signifiait qu'il s'était reconnu dans le miroir, son désarroi montrant peut-être la rupture avec l'illusion antérieure ? D'ailleurs, peu de temps après, l'enfant s'était désigné par son nom.

Dans les recherches ultérieures de son équipe[31], il se confirme que la conduite de perplexité et de malaise de l'enfant est tout à fait spécifique du miroir : elle ne se produit pas avec un autre enfant derrière une vitre, même avec un inconnu. Le malaise devant le miroir ressemble effectivement un peu aux réactions de retrait et aux refus de contact que l'enfant peut manifester avec des étrangers, mais celles-ci sont très nettes : l'enfant ne veut pas s'approcher, s'en va, ou même pleure. Face au miroir, l'enfant a un comportement plus ambivalent : il s'approche et se recule, détourne le regard, tout en restant planté devant le miroir, ou se regarde, mais de loin.

Chez les animaux, ce comportement existe aussi[32]. Les macaques, comme les enfants, font de l'évitement du regard devant le miroir, alors qu'ils ne se comportent pas ainsi face à un autre macaque derrière une vitre. Chez les chiots, après une phase de réaction sociale et d'exploration du miroir qui dure jusqu'à 2 mois et demi, on voit apparaître les réactions d'"aimantation" dont nous avons déjà parlé (le chien pose sa truffe contre le miroir et la bouge interminablement et répétitivement, comme s'il ne pouvait la décoller), puis des réactions d'immobilisation et de détournement de la tête. Vers 3 ou 4 mois, on observe des volte-face, ou des allers et retours devant le miroir, et à partir de 6 mois se manifestent même des symptômes de peur : le chien recule, avec des gémissements et des grognements. Henri Wallon avait noté la même chose avec l'un de ses fox qui refusait d'aller devant le miroir, très effrayé, et détournait la tête en raidissant les pattes si on l'y obligeait. Par contre, face à un chien étranger derrière la vitre, le chien flaire et observe ; face à un familier, il cherche le contact, aboie, saute, sollicite l'autre. Le comportement de malaise devant le miroir est donc très particulier, et présent chez l'animal.

On a aussi constaté chez les animaux des réactions de fascination et de choix préférentiels pour le miroir. Si on donne à un poisson combattant du Siam la possibilité de regarder son image ou un autre poisson derrière une vitre, il passe trois fois plus de temps à se regarder dans un miroir. On a fait la même observation avec des pinsons, des perruches, des singes écureuils, des macaques... Gordon Gallup, un spécialiste américain de psychologie animale qui a fait la synthèse de ces observations, note que le miroir est un stimulus "supra-normal" tout à fait inhabituel puisque tous les mouvements faits par l'animal sont imités sur-le-champ, et que l'animal a le contrôle du déclenchement de l'action. Or, l'imitation joue un rôle important dans le déclenchement des comportements des animaux (dans la prise de nourriture, par exemple : quand l'un commence, les autres suivent). Il se produit donc devant le miroir une réaction en chaîne, toujours dans le répertoire des comportements sociaux, mais atypique, quasi pathologique, qui conduit à une exagération des comportements, soit dans l'excitation, soit dans l'immobilisation.

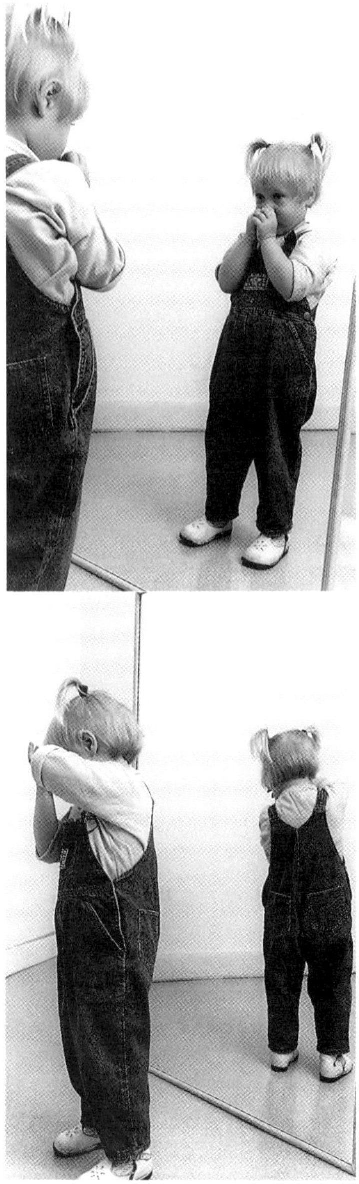

Ségolène elle, se détourne franchement du miroir !

Un autre pas comme les autres

À la lumière de ces observations, on peut donc clarifier un certain nombre d'hypothèses relatives à ces étranges conduites de fascination et de malaise que l'on voit apparaître chez l'enfant devant le miroir, vers 18 mois :

– ce ne sont pas des réactions à l'inconnu, comme les

comparaisons vitre-miroir le montrent, chez l'enfant comme chez l'animal ;
– cela ne représente pas encore un signe des capacités naissantes de représentation de soi, comme le pensait René Zazzo en 1948, puisque des espèces de niveau inférieur aux primates, auxquelles on ne peut pas attribuer ces capacités, manifestent des réactions de malaise devant le miroir ;
– elles seraient le signe (très net chez les animaux) d'une prise de conscience de quelque chose d'étrange dans la conduite du partenaire, par référence à l'expérience sociale que l'animal ou l'enfant est en train de se constituer. Si ces comportements n'apparaissent pas d'emblée, ni chez le bébé, ni chez le chiot, c'est que, dans les premiers mois, ils ne connaissent pas encore bien l'enchaînement "normal" des réactions sociales avec leur entourage. C'est au bout de quelques mois seulement que l'imitation systématique de l'individu du miroir est perçue comme un comportement aberrant, qui ne respecte pas les règles des interactions complémentaires: offrir-prendre, approcher-reculer, menacer-fuir..., avec les décalages temporels que cela suppose.

Une des séquences les plus drôles, filmée avec les macaques (drôle pour nous, peut-être pas pour eux...) fut celle des "présentations": quand un macaque rencontre un congénère inconnu, il le salue en se tournant pour lui montrer son derrière ; lorsqu'il a fini, si tout va bien, son collègue le salue à son tour, de la même façon... Imaginez la surprise du macaque en train de saluer devant le miroir, lorsqu'il aperçoit en face, au lieu de la tête de l'autre, son derrière ! De quoi perdre tous ses repères !

Quand on s'attend à voir la tête de "l'autre" singe, quelle surprise de voir son derrière !

Le malaise devant le miroir semble montrer que l'enfant ou l'animal devient capable de discerner un faux partenaire d'un vrai... L'image du miroir est perçue, selon la formule de René Zazzo, comme "un autre pas comme les autres". Ainsi, l'évitement devant le miroir signalerait indirectement les progrès de la conscience des rapports à autrui. Notons que chez l'enfant, cela apparaît juste avant ou en même temps que l'identification de sa propre image[33].

Le modèle, c'est moi *(de 15 à 24 mois)*

À partir de 15 mois, une réaction montre, encore plus nettement que les va-et-vient du regard, que l'enfant a conscience de la partie de son corps qui sert de modèle à l'image : il touche son corps à l'endroit qu'il a regardé sur le reflet. Cela peut se faire dans les deux sens ; soit il regarde le reflet de son pied, de sa main, d'un vêtement, et touche ensuite, ou en continuant de regarder, la partie du corps correspondante ; soit, au contraire, il touche ses vêtements, ou un bracelet, ou ses chaussures et regarde alors le miroir tout en continuant son geste. Tous ces mouvements dirigés vers soi, vers les parties visibles du corps, se développent entre 15 et 24 mois.
Pour le visage et la tête, cela commence seulement à 18 mois. On voit chez certains enfants le début de mouvements de retour sur le visage, guidés par le reflet : l'enfant se regarde et touche ses cheveux, par exemple, ou ce qu'il a dans la bouche. Ces gestes clairement référés à soi sont surtout notés entre 21 et 24 mois.
Des réponses du même type ont été observées chez le chimpanzé : il peut utiliser le miroir pour inspecter les parties de son corps inaccessibles en vision directe : son front, ses sourcils, l'intérieur de sa bouche ou de son nez... L'orang-outang présente le même type de comportement, mais pas le gibbon, ni le babouin ni le macaque.

Plus de problème pour Lucas : il sait où se trouve la marque de son vêtement aperçue dans le miroir.

Adrien se sert du miroir pour s'inspecter la bouche.

Ici n'est pas là-bas (de 18 à 30 mois)

Sarah se cherche encore derrière le miroir, elle ne cessera que vers 2 ans et demi.

Après la correspondance terme à terme entre soi et l'image, le deuxième "truc" à comprendre avec le miroir, c'est que le reflet est une illusion... Ce n'est pas la peine d'aller derrière le miroir, les "vraies" personnes sont devant, chaque chose n'occupe qu'une seule et unique place... Pour observer où en est l'enfant, il faut évidemment disposer d'un miroir non encastré dans une cloison, ou manipulable.

Dans l'étude qui utilise un miroir manipulable, c'est pour la mère ou un familier qui se regarde à côté de l'enfant qu'on note d'abord la disparition des recherches derrière le miroir. À partir de 16 mois, les enfants cessent de passer la main derrière le miroir ou de le retourner pour regarder au dos. Mais, chez les mêmes enfants, cette réaction ne disparaît qu'à 22 mois pour quelqu'un de moins familier, et seulement après 24 mois pour l'image de soi (à 2 ans, 50% des enfants retournent encore le miroir après s'y être vus). C'est donc pour sa propre image que l'enfant rencontre le plus de difficultés à vaincre l'illusion de réalité, puisque son visage est le seul qu'il n'a pu comparer à son reflet, comme il a pu le faire souvent pour sa mère, et un peu moins souvent pour l'étranger qui vient une fois par mois. Il est un fait étonnant, comme nous l'avons déjà noté : la recherche derrière le miroir dure encore après la période où l'enfant sait se retourner vers la personne vue dans le miroir ! Cela montre que le non-contournement n'est pas simplement l'équivalent du retournement, mais un comportement plus complexe.

Dans les quelques recherches qui utilisent un miroir en pied contournable, certains enfants vont voir spontanément derrière à partir de 12 mois, mais pas tous, et cela peut être observé encore entre 2 et 3 ans. Il est difficile de savoir ce qui déclenche vraiment le comportement : est-ce la vue d'un objet ? sa propre image ? le plaisir d'un jeu de cache-cache ?

Si l'on essaye d'observer plus précisément, en centrant l'attention de l'enfant sur son propre reflet, en lui demandant "Où il est, Matthieu... (le prénom de l'enfant) ?", et en ajoutant, par un jeu de provocation : "Va le chercher !", les contournements du miroir cessent seulement vers 30 mois : soit l'enfant reste perplexe ou rit devant la proposition idiote de l'adulte, soit il répond "J'suis là !" en se tapant la poitrine[34].

Clowneries et parades (de 24 à 36 mois)

Après 2 ans, et pendant toute la troisième année, l'enfant prend toutes sortes d'attitudes devant le miroir. Il se tortille, se balance, se pavane en touchant ses vêtements ou ses cheveux... Le corps tout entier est en jeu, y compris le visage. Il reste peut-être un peu d'expérimentation dans ces mouvements-là, mais cela donne davantage l'impression d'un jeu de confirmation entre l'enfant et son image, comme si maintenant il pouvait la faire "obéir" à son gré, comme s'il se prouvait qu'il en est le maître.

Après 2 ans, le sourire revient : c'est l'enfant qui mène le jeu et se sert du miroir.

C'est moi dans la glace (de 24 à 30 mois)

Se désigner par son prénom est, évidemment, le propre de l'enfant et s'observe, selon les auteurs, un peu au-delà de 2 ans, puisqu'à cet âge les pourcentages avoisinent 60%. Sur les 60 enfants que j'ai personnellement observés, le premier qui se nomme par son prénom a 24 mois, et il faut attendre 30 mois pour que la quasi-totalité des enfants le fassent et que certains commencent à utiliser le pronom personnel "moi".

En même temps que la désignation verbale, on note une diminution très nette du temps spontanément passé devant le miroir. Après 2 ans, les expérimentations cessent peu à peu, sauf pour les mouvements du corps dans son ensemble. Les réactions de malaise disparaissent, l'enfant sourit à nouveau, mais brièvement ; il se désintéresse peu à peu du miroir, sauf pour des jeux de "parade". À 3 ans, le miroir commence à devenir utilitaire, l'enfant vient se regarder quand on lui met un vêtement neuf, ou quand il se déguise ; le miroir n'est plus intéressant pour lui-même, l'enfant en a percé le mystère.

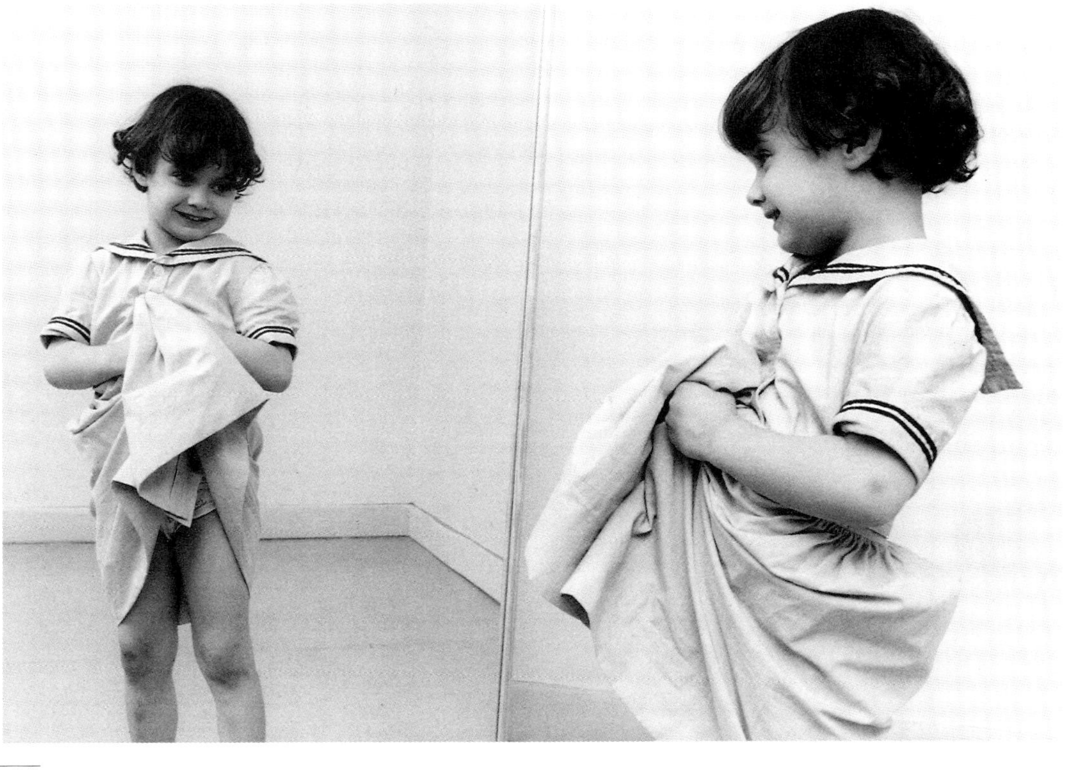

Chronologie de l'évolution des réactions spontanées de l'enfant devant le miroir

Essayons de résumer les réactions de l'enfant devant le miroir en fonction des deux principaux problèmes qu'il doit résoudre :
– la découverte des concordances du reflet avec le modèle,
– la compréhension de la "non-réalité" du reflet (réduction de l'illusion de la présence d'un autre enfant et de l'illusion de la profondeur).
Nous pouvons voir se dessiner ainsi l'évolution de l'enfant, de 6 à 30 mois.

	Illusion de la présence d 'un autre enfant	**Illusion de la profondeur**	**Exploration des concordances entre le reflet et le modèle**
De 6 à 15 mois	Illusion : il sourit, il vocalise, il tape.	Illusion : il essaie de prendre, il cherche derrière le miroir.	9 mois, découverte : réactions d'arrêt, jeux de mains ; il compare la mère et son reflet, son corps et son reflet.
De 15 à 24 mois	18 mois, rupture : il regarde fixement ou de biais, il se détourne.	18 mois : il ne cherche plus sa mère derrière le miroir quand elle est à côté de lui	Expérimentation intense des mouvements synchrones et des comparaisons avec l'image. 15 mois : il touche son corps. 18 mois : jeux de visage.
De 24 à 30 mois	24 mois : il sourit. De 27 à 30 mois : il nomme le reflet : prénom ou "moi".	De 27 à 30 mois : il ne se cherche plus derrière le miroir. 30 mois : il se retourne vers les objets vus dans le miroir.	De 27 à 30 mois : il fait des mouvements du corps entier, il parade. 30 mois : il se sert du miroir.

Si l'on superposait à ce tableau la comparaison avec les animaux, on y verrait certaines similitudes avec presque toutes les espèces (les réactions sociales, l'illusion de profondeur), d'autres seulement avec le chien et les singes (les réactions sociales atypiques, le malaise), ou seulement avec les singes (apprendre à se retourner vers des objets dans la pièce), ou seulement avec les singes supérieurs (expérimenter le synchronisme de l'image, se servir du miroir pour toucher le corps, et même le visage). Cette comparaison permet donc de situer le niveau cognitif et les capacités mentales requises pour chacune des réactions.

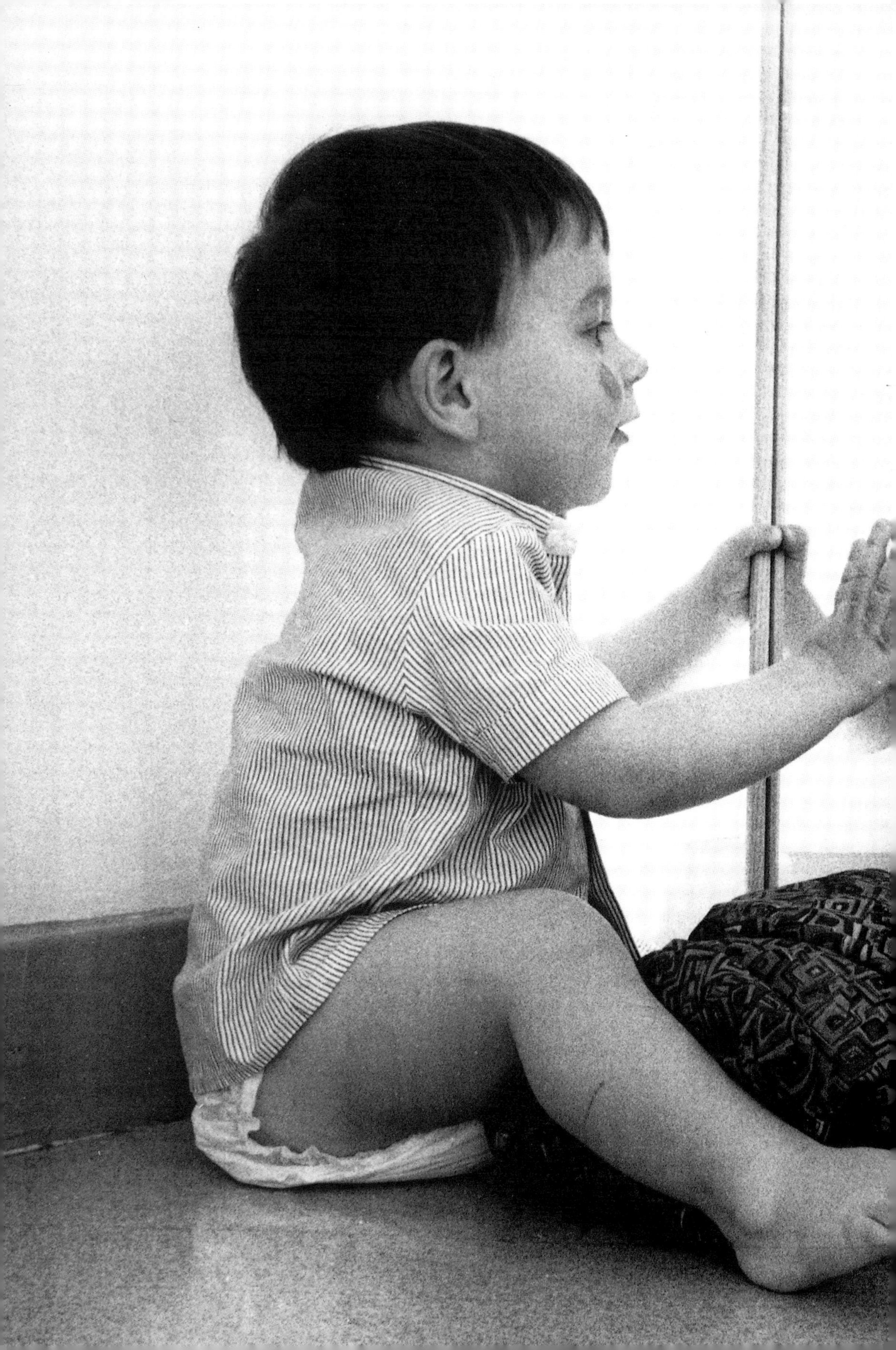

LES RÉACTIONS-TESTS DU MIROIR

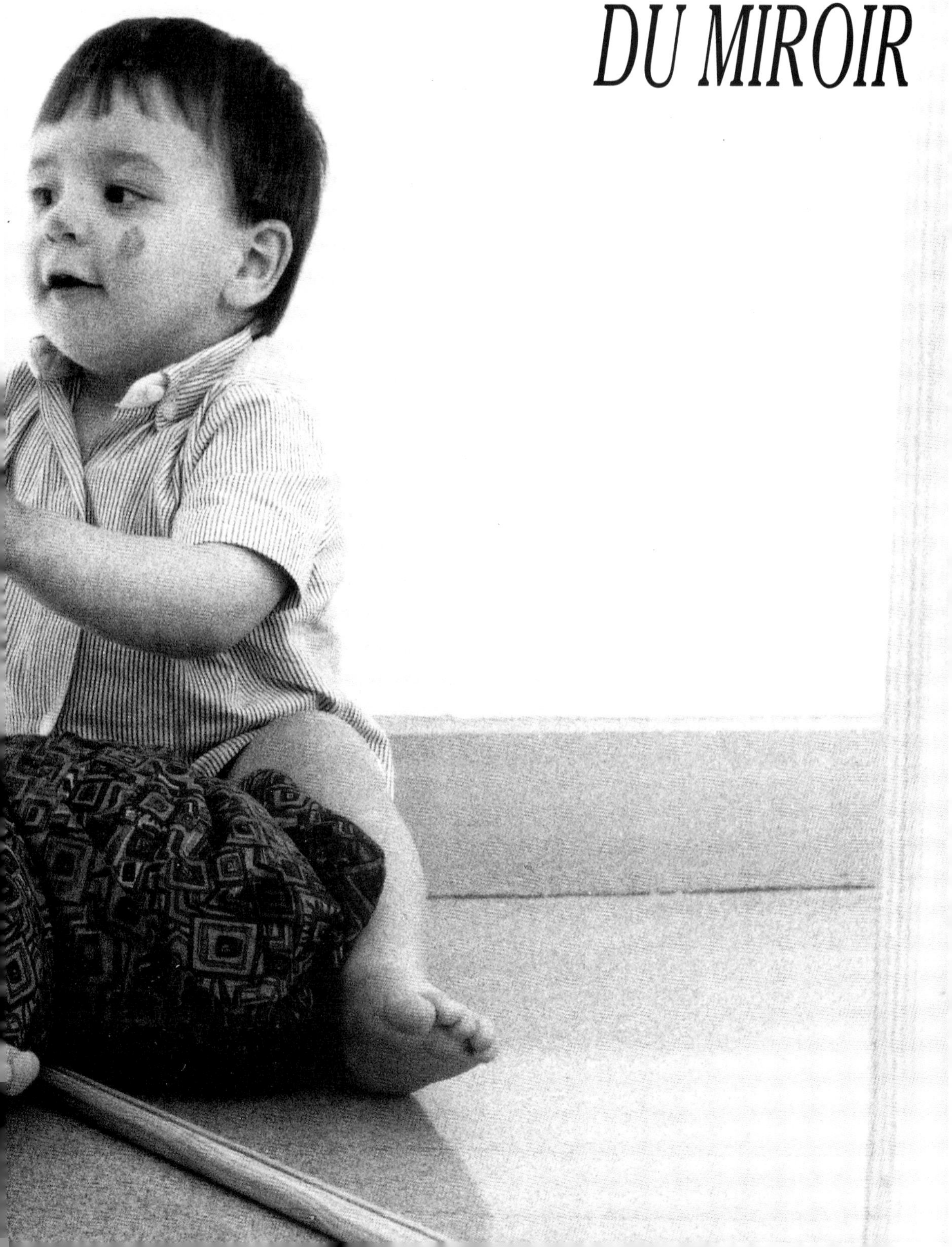

Quand peut-on dire que l'enfant identifie son reflet ? Sûrement pas quand il le prend pour un autre enfant. Peut-être quand il commence à expérimenter très activement les concordances des mouvements entre lui et son image ? ou quand il devient perplexe et se fige devant elle ? ou quand il fait des comparaisons entre son corps et celui du miroir ? ou bien quand il se nomme ? ou lorsqu'il cesse de se chercher derrière le miroir ?

Toutes ces conduites font partie intégrante du processus d'identification, elles en marquent les progrès, mais elles coexistent souvent, pendant plusieurs mois, avec des conduites "d'illusion" non encore résorbées. Il faut attendre l'âge de 2 ans, et même au-delà, pour que les contradictions se résolvent, pour que l'enfant vienne à bout de tous les pièges du miroir. C'est donc entre 2 ans et 2 ans et demi que, pour l'enfant, le reflet dans le miroir devient vraiment son reflet.

Toutefois, à partir des réactions observées à la fin de la deuxième année, l'accord s'est fait dans les différentes recherches pour considérer trois conduites comme particulièrement significatives, comme des critères, des réactions-tests de la consolidation du processus d'identification, parce qu'elles montrent que le reflet est clairement rapporté à soi. Voici ces conduites :

– toucher la tache sur le visage,
– désigner l'image par le prénom ou par "moi",
– cesser de contourner le miroir devant l'image de soi.

Ces conduites font partie du répertoire spontané de l'enfant devant le miroir, mais, selon les circonstances, on ne les observe pas toujours. On a donc essayé de trouver des situations permettant de les provoquer systématiquement chez tous les enfants, dans des conditions semblables, pour tester, en quelque sorte, par leur absence ou leur présence, les progrès de l'identification de soi.

Un quatrième critère fait encore l'objet de beaucoup de débats chez les psychologues, celui du retournement vers les personnes et les objets vus dans le miroir. Il a longtemps été considéré également comme un critère d'identification de "soi", mais les recherches récentes montrent que le problème est complexe.

Des chimpanzés à l'enfant

Vers 1970, Gordon Gallup se demande si les singes supérieurs sont capables de se reconnaître dans le miroir.
La plupart des animaux réagissent devant le miroir, dit-il, comme s'ils voyaient un autre animal de la même espèce, et s'engagent dans toutes sortes de réponses sociales dirigées vers l'image (conduites agressives, postures sexuelles, salutations, etc.). Ils ne semblent pas capables, comme l'homme, de prendre conscience des rapports de l'image avec eux-mêmes. Face au miroir, les animaux ont des comportements "dirigés vers l'autre", alors que les humains ont des comportements "dirigés vers soi". Pour que les animaux arrivent à de tels comportements, il faudrait que l'image perde son caractère de stimulus social... peut-être, se dit Gordon Gallup, grâce à un long temps d'exposition devant le miroir ? Il place donc un miroir dans la cage des chimpanzés pendant dix jours et observe : après une phase de réactions sociales à l'image, où le miroir est traité comme un compagnon, les animaux commencent, vers le quatrième jour, à découvrir les possibilités du miroir pour voir des parties cachées de leur corps ; ils se contorsionnent, tirent la langue, s'inspectent l'intérieur du nez et de la bouche ainsi que les sourcils ! Les chimpanzés seraient donc capables d'avoir des comportements orientés vers eux-mêmes ?

Sarah va-t-elle comprendre que la tache vue sur le visage du miroir se trouve en réalité sur le sien ?

Pour confirmer ces observations, Gordon Gallup a alors l'idée d'un test décisif : la marque sur le visage. Il anesthésie les singes, leur fait deux marques rouges à chacun, une sur un sourcil, une sur l'oreille du côté opposé. Les singes ne savent donc pas qu'ils ont une marque, celle-ci est sans odeur, et impossible à voir sans l'aide du miroir. Une fois les singes réveillés, il remet le miroir dans la cage et observe : le temps d'inspection visuelle de l'image augmente considérablement, et les chimpanzés touchent de nombreuses fois les taches faites sur leur visage ![35]

La tache doit être appliquée sans que l'enfant s'en rende compte.

Chose extraordinaire (mais fréquente...), à la même époque, et indépendamment de Gordon Gallup, une psychologue d'enfants américaine, Beulah Amsterdam, a la même idée : elle observe 88 enfants, de 3 à 24 mois, et avant de les mettre devant le miroir, demande à leurs mères de leur faire discrètement une tache rouge sur le nez. Résultats ? Aucun enfant de moins de 18 mois ne touche la tache sur lui-même, mais 42% des 18 à 20 mois et 67% des 21 à 24 mois le font[36].

Le test de la tache sur le visage est un déclencheur qui permet de départager clairement les comportements dirigés vers l'image (essayer de toucher la tache sur le miroir), de ceux dirigés vers soi (toucher la tache sur son propre visage). La réussite au test de la tache n'est possible que si l'enfant, ou l'animal, a construit une représentation mentale de soi, englobant les parties invisibles de lui-même, et sait rapporter la "bizarrerie" du visage vue dans le miroir à sa localisation, réelle, sur son propre visage.

Stimulées par les résultats obtenus avec ce test ingénieux, les recherches sur les réactions de l'enfant à l'image du miroir reprennent, en France comme aux États-Unis, vers 1970, avec l'observation filmée de nombreux enfants, et les résultats obtenus pour le test de la tache sont concordants :

– la réussite au test de la tache n'est jamais obtenue avant l'âge de 15 mois, et faiblement observée entre 15 et 18 mois (chez 15% des enfants en moyenne) ;

– elle devient majoritaire entre 21 et 24 mois (chez 70% des enfants en moyenne)[37] ;

– la réussite chez la totalité des enfants est atteinte vers 30 mois[38].

Comment observer ?

Au fil des recherches, les techniques pour appliquer la tache ont été variées, et parfois critiquables : tache sur le nez visible en louchant, ou appliquée avec une petite pastille collante que l'on peut sentir, tache rouge qui peut effrayer... Pour observer les réactions de l'enfant, la meilleure technique consiste probablement à appliquer la tache sur la joue ou le front, en évitant la couleur rouge (on peut utiliser un fard à paupières bleu ou gris, par exemple). Elle doit être bien visible, mais surtout appliquée avec précaution pour que l'enfant ne se rende pas compte de ce geste : il faut se tenir hors de vue du miroir, et distraire l'enfant (le recoiffer ou le moucher, par exemple), puis attendre quelques instants avant de le placer devant le miroir afin de s'assurer qu'il ne s'est rendu compte de rien. S'il touche déjà sa joue avant d'être placé devant le miroir, inutile de continuer l'observation, il vaut mieux recommencer un autre jour...

Sarah a trouvé, presque...

Où est la tache ?

Pour Martin, la tache est en face, sur le miroir.

Noémie remue la tête. Est-ce pour mieux comprendre où est la tache ?

Comment se comportent les enfants, d'âge en âge, en voyant cette tache dans le miroir ?

Au cours de mes observations, qui portaient sur 60 enfants de 9 à 36 mois, j'ai remarqué la progression suivante :

– de 9 à 15 mois, aucun enfant ne touche la tache sur sa joue ; au contraire, la plupart essaient de la toucher ou de l'attraper sur le miroir. Leur mouvement est donc clairement dirigé vers l'image, sans aucune conscience d'un quelconque rapport avec leur propre visage. Quelques enfants remuent un peu la tête en se regardant, mais ces essais de mise en correspondance ne les amènent pas à toucher la tache ;

– de 18 à 27 mois, presque la moitié des enfants (44%) remuent la tête et font des mimiques, soit avant de toucher la tache sur leur visage, soit après. Certains enfants, parmi les plus jeunes, portent la main à leur visage, mais se trompent un peu pour

Ça y est ! Noémie et Lucas ont trouvé !

localiser la tache (un peu trop haut, ou trop loin...). Si l'on compte ces réussites un peu imprécises, mais qui montrent un mouvement dirigé vers soi, on voit que 82% des enfants touchent leur visage. C'est à partir de 21 mois que le mouvement devient très rapide ;
– de 30 à 36 mois, les mouvements vers la tache sont tous bien localisés ; il n'y a plus de mouvements de tête ou de visage, et le temps de déclenchement est très court : l'enfant, placé devant le miroir, se regarde et touche la tache presque immédiatement sur lui, en moins de 10 secondes en moyenne !
La période "sensible" (pendant laquelle un comportement se met en place) pour l'acquisition du mouvement vers soi, guidé par la vue de l'image, semble se situer entre 18 et 27 mois, donc autour de 2 ans en moyenne.
Revenons un instant aux animaux, pour préciser que le test de la tache a été expérimenté avec toutes sortes de singes. La réussite est confirmée pour les singes supérieurs : les chimpanzés et les orangs-outangs, mais pas, semble-t-il, pour les gorilles[39]. Pour toutes les autres espèces de singes (macaques, gibbons, babouins, etc.), malgré des expositions prolongées devant le miroir (jusqu'à des milliers d'heures !), on n'a jamais obtenu de réussite.
Cette limitation, très intéressante, montre que toucher la tache ne résulte pas d'un apprentissage, mais d'un certain développement cérébral, ou mental. Ce n'est pas un hasard si l'enfant commence à toucher la tache à 18 mois, âge auquel il devient capable de penser "dans la tête", de se représenter mentalement des choses ou des personnes.

DIRE SON PRÉNOM OU "MOI"

C'est le critère qui, avant 1970, paraissait le plus fiable, et le seul alors à faire l'unanimité.

Comment observer ?

La situation est simple : l'enfant se trouve face au miroir, seul de préférence ; on lui pose une question du type "Qui est-ce ?", ou "Qu'est-ce qu'on voit ?" (plus neutre), en montrant le miroir, et l'on note sa réponse. Parfois, la question n'est même pas nécessaire : l'enfant se nomme spontanément ou se désigne indirectement "C'est mes mains... mes habits... Oh ! on voit mon tee-shirt"...
La réponse attendue est claire aussi : si l'enfant s'identifie dans le miroir, il doit se désigner par son prénom ou le diminutif qui le désigne habituellement, ou en disant "C'est moi". Si l'enfant répond "bébé", la réponse est plus ambiguë ; tout dépend si ce terme signifie pour lui "un enfant", ou s'il peut le désigner lui-même, à condition que ses parents l'appellent ainsi couramment. La plupart du temps, ce terme générique désigne un enfant en général, et cette appellation précède d'un mois ou deux la désignation de l'image par le prénom.
Nommer l'image du miroir par son nom apparaît, d'après les différents auteurs, vers 24 mois ; elle est majoritaire vers 30 mois, et se généralise ensuite. La réponse "C'est moi" est plus tardive, décalée de quelques mois.

Se désigner par un geste

Dans certaines recherches, au lieu de dire à l'enfant "Qu'est-ce qu'on voit?", on lui demande : "Où il est, Vincent?", "Où elle est, Virginie ?" (son prénom). Question à laquelle les jeunes enfants sont habitués, car on leur dit souvent (en montrant un livre, ou au quotidien) : "Où il est, le chat ?", "Où elle est, maman ?", "Où il est, Julien ?" (prénom de l'enfant), etc. La réponse attendue est évidemment que l'enfant montre du doigt l'objet ou la personne désignée. Il en devient capable vers 1 an. Se désigner lui-même est un peu plus tardif, il le peut vers 18 mois environ.

Si la question est posée devant le miroir, la situation devient beaucoup plus ambiguë, car il y a deux réponses possibles : soit l'enfant désigne le miroir, soit il désigne son propre corps. S'il désigne du doigt le miroir, est-ce parce qu'il s'identifie vraiment, ou bien que le comportement de l'adulte l'incite implicitement à montrer ce qui est dans le miroir ? Sans s'en rendre compte, on peut facilement inciter un enfant à répondre, par des regards appuyés vers la glace, par exemple ; ou bien n'imite-t-il pas le geste que ses parents font souvent en lui montrant du doigt son image : "Regarde, c'est Sébastien, là" ?

"Où elle est, Caroline ?" Désigner le miroir, est-ce une réponse sûre d'identification de soi ?

Et se toucher le corps ? Est-ce une réaction plus nette ?

Si l'enfant se désigne lui-même, en se touchant le corps, on peut là aussi se demander si ce n'est pas l'effet de l'habitude ; cette conduite apparaissant – comme nous l'avons dit – vers 18 mois, quand on demande (sans miroir) : "Où il est, Luc ?", "Où elle est, Julie ?", l'enfant se touche alors le corps en disant "Là !" Cette conduite, certains parents l'induisent parfois par des jeux répétitifs. Elle peut aussi signifier : "Je me vois dans le miroir, mais moi je sais que je suis là" (en se touchant le corps).
Dans ce cas, non seulement l'enfant s'identifie, mais il a aussi résolu le problème spatial du miroir.
Une seule recherche fournit des observations précises[40] : la majorité des enfants ne réagit pas à la question, ou regarde seulement dans le miroir sans rien montrer, fait peu significatif... Pour les autres, on observe des réactions contradictoires au même âge : certains montrent le miroir, et d'autres se désignent eux-mêmes. Ces résultats confirment bien que la question "Où est... ?" ne constitue pas un bon test pour observer les réactions de l'enfant devant le miroir.

CESSER DE CONTOURNER LE MIROIR

Cette réaction a été beaucoup moins étudiée que les précédentes, souvent pour une raison simple : le miroir utilisé étant fixé sur un mur, l'enfant ne peut le contourner. Même dans ce cas, il n'est pas rare de voir des enfants essayer de "décoller" ou de "pousser" le miroir ! Mais ils abandonnent vite en général, devant le peu de succès de leurs efforts... Si les chercheurs ne prenaient pas la peine d'utiliser un miroir en pied, c'est qu'ils n'avaient pas clairement conscience du double problème posé par le miroir : s'identifier, oui, mais aussi comprendre que l'on n'existe qu'à un seul endroit à la fois, l'espace du miroir n'étant pas réel. C'est la compréhension de l'enfant sur ce second point que signale le moment où il cesse de contourner le miroir, ou de passer la main derrière.

Comment observer ?

Il faut un miroir en pied, décollé du mur, dont l'enfant peut faire le tour, ou un miroir de moyen format, manipulable. On a vu précédemment l'ambiguïté de la question "Où il est (prénom de l'enfant) ?" mais, pour clarifier la réponse de l'enfant, René Zazzo[41] imagine d'ajouter à cette première question une suggestion, en fait une sorte de provocation. Il demande à l'enfant debout devant le miroir : "Où il est... Jérôme ?" et, quelle que soit la réponse de l'enfant, qu'il montre le miroir ou se désigne lui-même, il ajoute : "Va le chercher !"

Proposition idiote, penserez-vous peut-être... mais dont le but est de déclencher une réaction visible de l'enfant : soit il contourne le miroir et regarde derrière, et il s'agit là d'un mouvement clairement dirigé vers l'image, comme lorsque l'enfant veut toucher la tache sur le miroir ; soit l'enfant résiste à la suggestion de l'adulte, il prouve alors qu'il sait ne pas pouvoir se trouver à la fois devant et derrière le miroir. Alors, la question est vraiment idiote...

Voici les résultats sur 34 enfants observés :

– avant 24 mois, presque tous les enfants vont voir derrière le miroir, parfois même spontanément, dès la question "Où il est, X. ?" Aucun des enfants ne

touche la tache sur son visage. Il n'y a donc pas de contradiction dans le comportement : il n'y a pas de mouvement de retour vers soi, ni pour la tache, ni pour la localisation du corps ;
– entre 24 et 30 mois, dans la période intermédiaire, 7 enfants sur 11 touchent la tache sur leur visage : pourtant 3 d'entre eux vont encore se chercher derrière, et aucun ne se désigne en se touchant le corps... Période de transition : tout se passe comme si l'enfant admettait qu'il puisse être doué du don d'ubiquité, être à la fois ici et là-bas. C'est d'ailleurs l'âge où l'on peut encore jouer aux enfants ce mauvais tour qui consiste à leur dire : "Va voir là-bas si j'y suis"... et ils y vont ! L'identification du corps est acquise, mais le problème spatial créé par le miroir pas encore tout à fait résolu ; cela prouve que la "permanence" de soi n'est pas encore sûre, en un seul et unique endroit ;
– après 30 mois, 1 seul enfant sur 11 va encore voir derrière le miroir quand on dit "Va le chercher !" ; les autres se touchent le corps et ne bougent pas ou réagissent à la provocation par un comportement embarrassé, ils se dandinent, haussent les épaules, avec un demi-sourire...

"Où elle est, Caroline ? Va la chercher !"

"Je suis devant ou derrière ?"

Le dernier, un enfant de 3 ans, engage le dialogue suivant : "Où il est Marc ?
– Là ! (il se touche la poitrine).
– Va le chercher !"
Il rit, surpris : "J'peux pas !
– Pourquoi tu peux pas ?
– Parce que j'suis là, moi !" (en se touchant à nouveau la poitrine, avec un grand sourire).
Là encore, sauf pour l'un d'eux, il n'y a pas de contradiction dans le comportement des enfants, car tous touchent la tache et ont cessé de contourner le miroir. Le mouvement qui ramène l'image à soi est net, le corps identifié, et l'illusion spatiale du miroir perçue.

– Va chercher Eric.
– Non ! Je suis là, moi !

Chronologie des trois réactions-tests

Le test de la tache est le premier réussi. Le geste vers la tache du visage apparaît vers 18 mois et se généralise entre 21 et 27 mois, alors que les réactions de se nommer et de cesser de contourner le miroir apparaissent à peu près en même temps, vers 24 mois, et se généralisent entre 27 et 36 mois.
Il y a donc, en moyenne, six mois de décalage dans les réussites aux trois critères d'identification. Ce décalage chronologique permet d'émettre l'hypothèse de deux niveaux d'identification de soi :
– le premier niveau, avec la réussite au test de la tache, vers 2 ans, montre que l'enfant possède mentalement un "corps visuel" dont il connaît la topographie complète ;
– le second niveau, avec l'attribution de son nom au reflet et la réduction de l'illusion de profondeur, vers 2 ans et demi, prouve que l'enfant rapporte ce corps visuel à son corps ressenti et situé, et intègre ainsi en un tout les différents éléments de son identité : ce qu'il ressent, l'espace qu'il occupe, son apparence visuelle, et son nom.

Les trois réactions-tests du miroir		
	Début	**Généralisation**
Toucher la tache	18 mois	21 à 27 mois
Nommer le reflet	24 mois	27 à 36 mois
Cesser de contourner	24 mois	27 à 36 mois

SE RETOURNER : UN CRITÈRE CONTROVERSÉ

Pour l'image de soi, deux gestes montrent clairement que l'enfant réfère son image à lui-même, deux mouvements dirigés vers soi : toucher la tache et cesser de contourner le miroir pour aller voir derrière. Qu'en est-il pour l'image des autres, ou l'image d'un objet ? Si l'enfant comprend que la personne "réelle" ou l'objet "réel" est ailleurs que dans le miroir, les réactions-tests seront alors des mouvements dirigés vers eux : se retourner ou cesser de contourner le miroir pour les chercher.

Toucher la tache et se retourner, est-ce la même chose ?

Pendant longtemps on ne s'est même pas posé la question, pensant qu'il y avait un seul et même problème à résoudre devant le miroir : comprendre que l'image renvoyait à son modèle. On classait alors le retournement vers les objets avec toutes les autres réactions, sous la même appellation de "reconnaissance de soi". Les recherches récentes nous apprennent que les deux conduites, mouvement vers la tache sur soi et retournement, ne sont pas équivalentes, car les enfants ne les réussissent pas au même moment. Mais les choses se compliquent, car certaines recherches montrent que le retournement s'acquiert avant la réussite au test de la tache, et d'autres après !... On est loin de l'unanimité concernant l'âge de la réussite au test de la tache puisque, selon les recherches, l'âge du retournement varierait entre 10 mois... et 9 ans ! Un écart encore plus important que celui annoncé autrefois pour la reconnaissance de soi, entre 6 mois et 2 ans et demi ! Nous nous trouvons encore dans une phase où toutes les pièces du puzzle ne sont pas rassemblées. De quelles pièces disposons-nous ?

Si Thomas se retourne vers l'adulte, cela veut-il dire qu'il s'identifie dans le miroir ?

Comment observer ?

Le schéma est à peu près le même d'une recherche à l'autre. L'enfant étant devant le miroir, on dispose un objet ou une personne se place derrière lui, en silence et à son insu : l'enfant découvre leur présence par l'intermédiaire du miroir. La réaction-test est le retournement vers l'objet ou la personne ou, avec un miroir non fixé à la paroi, l'arrêt du contournement pour aller chercher l'objet derrière.
Malgré ce schéma commun, et bien plus que pour les recherches sur le test de la tache, de nombreuses variantes apparaissent dans les différentes recherches. Elles portent sur trois points : la façon dont l'objet ou la personne apparaissent, la distance qui les sépare de l'enfant, et le type de mouvement qu'ils présentent. Ce sont très probablement ces différences qui expliquent les résultats encore contradictoires des recherches.
Pour observer les réactions de l'enfant, il faut prendre des précautions (comme pour la tache) pour qu'il ne s'aperçoive de rien avant d'avoir vu le reflet de l'objet ou de la personne dans le miroir. Si le moindre bruit derrière lui ou sa curiosité naturelle lui font découvrir l'objet par hasard, avant de l'avoir vu dans le miroir, l'observation n'a aucune valeur ; il faut recommencer un autre jour. Autre recommandation : évitez les essais successifs, espacez-les dans le temps.

Se retourner vers un objet est plus difficile que toucher la tache sur soi. Caroline a réussi !

Retournement après le geste vers la tache

Dans la première des recherches françaises[42], l'objet est une lampe qui se met à clignoter à trois mètres derrière l'enfant ; dans la seconde, pour tenter de faciliter le retournement, une personne familière, la mère ou le père de l'enfant, apparaît à trois mètres derrière lui, et devient tout à coup visible dans le miroir, sans se déplacer, par le seul fait d'un jeu de lumière.

Résultats : on observe la réaction de retournement avec la mère, comme avec un objet, vers 18 mois ; présente chez 75% des enfants de 30 mois, elle est donc réussie un peu plus tard, deux à trois mois en moyenne, que la réussite au test de la tache. Chez les enfants où il n'y a pas concordance entre les deux critères (réussite à l'un et échec à l'autre), le test de la tache est réussi le premier. Au vu du pourcentage obtenu à 30 mois, René Zazzo concluait que la généralisation du retournement devait probablement intervenir vers 3 ans.

Mais un événement se produisit tout à la fin de nos observations. Nous voulions filmer quelques plans du dispositif pour le futur montage du film : il nous fallait un ou deux enfants de bonne volonté... Pour plus de facilité, et pour le plaisir, j'amenai ma fille aînée, Marie, et René Zazzo un de ses petits-fils, Antoine. Je laisse la parole à René Zazzo : "Et voilà qu'à notre stupéfaction, mon petit-fils, alors âgé de 3 ans et 10 mois, interpelle vigoureusement l'image de son père dans le miroir, pour lui demander ce qu'il fait là, et voilà que Marie, cette grande fille de 5 ans et 7 mois, déclare qu'elle ne peut pas aller chercher sa mère parce qu'il faudrait passer de l'autre côté de la glace. Ni l'un ni l'autre ne s'est retourné, n'a ébauché le moindre geste de retournement !"[43] De trois choses l'une, dit alors René Zazzo : ou nos enfants sont idiots, ou il est normal de ne pas se retourner à ces âges-là, ou bien (car les deux premières hypothèses ne nous paraissaient pas crédibles...) notre dispositif est trop sophistiqué, et peut paraître un peu "magique" pour les enfants.

Il fallait donc recommencer, effectuer d'autres observations, plus "naturelles" ! Nous sommes allés dans des crèches et dans une école maternelle, avec un dispositif simplifié : un miroir en pied, que l'enfant peut contourner, est posé au milieu de la pièce, et pendant qu'il se regarde, son père (ou sa mère, ou son institutrice) apparaît à 3 mètres derrière lui, sortant d'une porte, et lui fait un signe en souriant en silence. L'enfant le découvre dans le miroir. S'il ne se retourne pas tout de suite, l'adulte s'avance en silence, offrant des bonbons dans sa main. L'observateur placé à côté du miroir dit à l'enfant : "Prends les bonbons, c'est pour toi." Nous voulions déclencher ainsi une réaction nette, soit de retournement vers la personne, soit au contraire de contournement du miroir pour aller chercher derrière.

Nous avons ainsi observé 208 enfants de 5 mois à 5 ans. Les résultats, étonnants, confirmèrent qu'Antoine et Marie n'étaient pas les seuls à se poser des questions : le retournement apparaît à 16 mois chez le plus précoce des enfants, le pourcentage de réussite augmente régulièrement jusqu'à 30 mois, et stagne ensuite autour de 70 ou 75% jusqu'à 5 ans ! Donc, le retournement vers des objets ou des personnes, invisibles au départ, apparaît en même temps que le mouvement vers la tache sur le visage, vers 18 mois, mais reste fragile puisque, jusqu'à 4 ou 5 ans, un certain nombre d'enfants (25 à 30%) ne sont toujours pas venus à bout de l'illusion spatiale du miroir.

Pourquoi une illusion si tenace chez certains enfants ? "L'image du miroir est à la fois réelle et irréelle, dit René Zazzo, réelle en tant que perception, irréelle par

On peut "apprendre" à se retourner sans avoir encore compris les propriétés du miroir.

l'espace virtuel où elle est perçue." Pour l'image de soi, identifiée vers 2 ans, il faudra encore plusieurs mois pour que l'enfant cesse de contourner le miroir (vers 2 ans et demi). Sans doute, pense René Zazzo, grâce à l'ancrage corporel du corps qui bouge en même temps que l'image, l'enfant peut rompre le charme, et construire solidement son identité. Pour l'image d'autrui, identifié beaucoup plus tôt, vers 6 mois, la représentation de l'espace se met en place au même moment que pour le corps, vers 18 mois, mais il n'y a pas d'ancrage corporel. Et le conflit entre perception et représentation semble durer plus longtemps, puisqu'à 4 ou 5 ans certains enfants sont encore piégés par la perception.

Dans ma propre recherche de 1982, je reprends un dispositif plus "classique", semblable à celui des recherches américaines : j'utilise une boule brillante qui descend du plafond, très discrètement, à 1,50 mètre derrière l'enfant, grâce à un fil de Nylon. Pas de lumière clignotante, pas de mouvement vers l'enfant. La boule devient visible dans le miroir, on laisse l'enfant réagir spontanément ; s'il n'a pas de mouvement net de contournement du miroir ou de retournement, on lui dit : "Tu la prends ?", pour essayer de déclencher cette réaction.

Les résultats ? Je les trouve identiques à ceux de René Zazzo! Les premières réussites apparaissent à 18 mois, pas avant ; elles deviennent majoritaires à 24 mois (80% de réussite), avec une avance pour la réussite au test de la tache, lorsqu'il y a un décalage. Je confirme que, curieusement, on n'atteint pas ensuite les 100% de réussites attendus, comme pour le test de la tache.

Entre 2 et 3 ans, le pourcentage de réussites stagne autour de 70%. À 3 ans, un certain nombre d'enfants ne se retournent pas : ils cherchent encore la boule derrière le miroir, ou cherchent à "ouvrir" le miroir. J'ai observé cette dernière conduite, étonnante, chez deux enfants de 27 mois qui répondent à ma proposition d'aller prendre la boule, l'un en montrant le bord du miroir : "Je peux pas, y a pas de truc pour ouvrir"... et l'autre : "Y a pas de trou !" Ils ne contournent même pas la glace, pourtant posée au milieu de la pièce, ils voudraient en quelque sorte y pénétrer...

Un autre élève de René Zazzo[44] reprend ce problème, toujours non résolu, en 1988, et imagine un autre dispositif où l'enfant doit prouver qu'il a compris l'effet réfléchissant du miroir, et pas seulement appris à se servir d'un outil. Il imagine alors une situation-piège : pendant que l'enfant se regarde dans le miroir, deux pommes descendent en même temps du plafond, l'une derrière l'enfant, qu'il ne voit que lorsqu'elle devient visible dans le miroir, et l'autre devant lui, derrière le miroir, qui disparaît en fait à sa vue, lorsque le reflet de l'autre apparaît... On lui demande de montrer où se trouve la pomme qu'il voit dans la glace. En réponse, il peut montrer le reflet, ou l'objet derrière lui, ou encore l'objet derrière le miroir.

Dans cette situation, qui renforce au maximum l'illusion perceptive, il faut que l'enfant ait parfaitement compris les propriétés réfléchissantes du miroir pour déjouer le piège ainsi tendu. Les enfants, observés à partir de 18 mois, ne commencent à maîtriser la situation qu'à partir de 7 ans... et réussissent vraiment à 9 ans (98%) !

L'intérêt de cette expérience consiste à avoir poussé les observations au-delà de 5 ans (ce que René Zazzo se reprochait de ne pas avoir tenté...) et d'atteindre un stade où l'illusion spatiale du miroir est totalement maîtrisée – grâce à des capacités intellectuelles, bien sûr, tout autres que celles des enfants de 1 à 2 ans –, ce qui donne un repère pour tenter de situer les autres résultats.

Revenons maintenant aux recherches démontrant, au contraire, que l'enfant se retourne vers les objets avant de toucher la tache sur son visage.

Retournement avant le geste vers la tache

Deux recherches, américaine et canadienne[45], trouvent des retournements très précoces, vers 9 ou 10 mois. Sans entrer dans le détail de leurs observations[46], disons qu'elles diffèrent des observations françaises principalement sur deux points : les objets ou les personnes sont, dans certains cas, très proches derrière l'enfant (à 15 ou 30 centimètres), et on propose à celui-ci plusieurs essais de retournements à la suite. Ces deux facteurs combinés peuvent tout à fait faciliter le retournement. D'une part, nous avons vu que les bébés peuvent se retourner vers une personne familière proche d'eux devant le miroir, dès 9 ou

10 mois ; il peuvent donc se servir de cette expérience. D'autre part, on peut se demander si l'on peut éviter, en faisant bouger un objet ou une personne très près de l'enfant, qu'il ne repère sa présence, soit en vision périphérique, soit par quelques bruits, même légers.
Ces premières remarques n'expliquent pas pourquoi, dans ces recherches, les enfants se retournent aussi à 10 mois lorsque l'objet ou la mère sont loin. On peut, là, penser à l'effet de répétition de la situation, l'effet d'apprentissage, puisqu'on incite l'enfant à effectuer plusieurs retournements successifs. Or, si toucher la tache ne s'apprend pas, se retourner s'apprend très vite ; les macaques sont là pour le prouver, eux qui n'ont jamais pu, malgré des milliers d'heures face à un miroir, toucher la tache sur eux-mêmes, mais savent se servir du miroir comme d'un rétroviseur...
Autre observation très intéressante allant dans le même sens : les enfants n'ayant jamais vu de miroir touchent la tache au même âge que les autres, mais se retournent plusieurs mois plus tard. Cette constatation résulte d'une recherche qui compare des enfants bédouins, n'ayant aucune expérience du miroir, et des enfants citadins israéliens[47]. Les critères de la reconnaissance de soi (toucher la tache et se nommer) sont atteints au même âge dans les deux groupes, entre 20 et 26 mois, donc non liés à la familiarité avec les miroirs. Par contre, le retournement vers les objets reste très lié à la fréquentation des miroirs, car il est très nettement retardé chez les enfants qui n'ont pas de miroir. Dans cette recherche, les enfants habitués au miroir commencent à se retourner avant de toucher la tache, à partir de 13 mois ; mais là encore, l'objet utilisé est très proche du corps (un cube rouge qu'on fait descendre à 5 centimètres au-dessus de la tête du bébé). Les enfants non familiarisés avec le miroir se retournent seulement après avoir touché la tache. Les capacités de retournement ne sont donc pas nécessairement liées aux capacités d'identification de soi. La familiarité avec le miroir ne compte pas pour toucher la tache sur le visage, mais influe sur les capacités de l'enfant à interpréter le reflet comme le signal d'une présence derrière lui.

Des questions en suspens

Toutes ces interrogations montrent que la conduite du retournement n'est pas un révélateur simple ; il faut d'autres recherches pour en savoir davantage. Cette conduite du retournement recouvre peut-être des capacités de niveaux de connaissance différents, les décalages observés entre plusieurs conduites le révèlent : le retournement dans l'espace proche du corps (9 à 10 mois), vers un objet éloigné et imprévu (24 mois), l'arrêt des contournements pour chercher derrière le miroir (30 mois), la compréhension des propriétés du miroir (9 ans).

Peut-être, en parlant de retournement, met-on sous le même mot deux capacités très différentes :

– celle d'associer un stimulus et une réponse, et d'apprendre à se servir du miroir comme d'un signal (si je vois ma mère dans le miroir, je vais aussi la trouver tout près, tout ce que je vois en face est aussi derrière moi). Cette association peut être apprise et entraînée dès 6 mois chez le jeune enfant, ou chez les singes. On peut donc apprendre à se servir du miroir comme d'un outil sans avoir compris l'irréalité de l'espace du miroir ;

– la capacité de comprendre les propriétés réfléchissantes du miroir, de découvrir que cet espace est virtuel. Celle-ci ne semble pas se mettre en place avant 16 mois dans le cas le plus facile (avec la présence réelle et connue de la mère à côté de l'enfant), s'installe à 2 ans et demi pour soi-même, avec l'ancrage réel du corps ressenti, et à peu près au même moment pour les objets ou les personnes découverts par surprise. Mais elle reste fragile pendant plusieurs années, jusqu'à un stade cognitif où, vers 8 ou 9 ans, le raisonnement prend le relais.

Pour conclure, reprenons notre interrogation initiale : le retournement vers les choses ou les personnes vues dans le miroir peut-il être considéré comme un critère de l'identification de soi ? Il vaut mieux, en l'état actuel des recherches, répondre non. Le processus d'identification de l'image de soi et celui de la construction de l'espace, imbriqués dans l'expérience tout à fait particulière du miroir, ne se confondent pas. Tout cela demande à être encore clarifié.

L'OMBRE

À quel âge et comment l'enfant va-t-il s'intéresser à cette autre image de lui ?

La première rencontre de l'enfant avec son ombre est souvent bien plus tardive que celle du miroir, et les occasions de l'expérimenter plus rares que pour son reflet. L'été est plus propice que l'hiver, et la campagne ou la mer plus que la ville, où les éclairages multiples annulent nos ombres. C'est souvent sur la plage, ou en marchant dans une rue au soleil, que l'enfant se rend compte de la présence d'un "bonhomme noir par terre, qui marche quand on marche, et qui court quand on court"... et que "des fois il est grand, et des fois il est petit !"...

L'étude que j'ai menée, en 1982[48], des réactions du jeune enfant à son ombre est à ma connaissance la seule recherche existante. Mon but était double : d'abord observer systématiquement d'âge en âge ces réactions, puisqu'on ne savait rien, puis les comparer avec celles manifestées devant le miroir. En effet, l'ombre et le reflet sont tous deux des doubles visuels de l'enfant, tous deux bougent en même temps que lui. Néanmoins, l'ombre lui fournit beaucoup moins d'informations visuelles que le miroir : plate et non en trois dimensions, détails du visage et des vêtements gommés, corps réduit à une silhouette noire. Autre différence : le contexte de la pièce, visible dans le miroir, a disparu lui aussi ; l'image du corps est donc vue isolée, sans repères extérieurs.

Quelle est l'importance de ces informations visuelles dans l'identification de l'image de soi ? Voilà ce que la comparaison pouvait nous apprendre. J'ai donc filmé 60 enfants, entre 9 et 36 mois, devant leur image dans le miroir et devant leur ombre, ou plutôt devant deux types d'ombre : une ombre au sol, l'expérience la plus courante pour les enfants, et une ombre verticale, pour une meilleure comparaison avec le miroir. Comme ma recherche se déroulait en hiver, j'ai "fabriqué le soleil" avec un projecteur, soit en position haute pour avoir une ombre par terre, soit en position basse, à la même hauteur que l'enfant, pour obtenir une ombre verticale de la même taille que lui et le moins déformée possible. L'ombre est projetée sur un écran blanc et rigide, que l'enfant peut contourner. Elle est ainsi le plus possible semblable au reflet, sans contenir les mêmes informations visuelles.

L'OMBRE VERTICALE

Dès 9 mois, l'ombre verticale présente une certaine attraction pour le bébé. Installé devant elle, il s'y intéresse pendant 50% du temps d'observation.

Une drôle de chose à toucher...

De 9 à 15 mois, les enfants sont principalement occupés à toucher l'ombre, à la frotter de haut en bas, à la taper, tout en vocalisant. Ils ne sourient pas, ne jubilent pas comme devant le miroir. Ils ne semblent pas ici avoir l'illusion de la présence d'un "autre". Mais, comme devant le miroir, on observe des réactions d'arrêt dans le mouvement : l'enfant qui tapait reste tout à coup immobile, les mains sur l'écran, ou une main en l'air, suspendu dans son mouvement... puis il commence à répéter systématiquement son mouvement de main en observant ce qui se passe sur l'écran. C'est l'amorce de la prise de conscience du "truc" du synchronisme, comme pour le miroir. Jusqu'à 15 mois, la plupart des réactions sont centrées sur l'ombre elle-même, sans prise de conscience du rapport entre l'ombre et le corps.

Ça bouge comme moi, et c'est tout plat...

Entre 15 et 24 mois, l'attention vis-à-vis de l'ombre s'accroît, et l'expérimentation devient très active. L'enfant touche encore beaucoup l'ombre, essaye aussi de la "prendre", ou de la "décoller" de l'écran : il en gratte le tour, la frotte avec de grands mouvements de main, de gauche à droite (pour l'effacer ?)... Souvent, il va voir derrière l'écran, ou se colle contre l'ombre ; on dirait qu'il teste, par toutes ces explorations, sa "matérialité". En même temps, il découvre le synchronisme de ses mouvements avec ceux de l'ombre, et se lance dans des gestes et des attitudes mettant en jeu les mains, les pieds, la tête et le corps entier (s'accroupir et se relever, se balancer, marcher devant l'écran...). Parallèlement, il établit des comparaisons terme à terme, en regardant alternativement ce qu'il a vu sur l'ombre et la partie de son corps correspondante. Autour de 21 mois, pendant une période assez localisée, des conduites d'évitement, avec coup d'œil en coin, détournement ou refus de regarder, apparaissent, observées à peu près au même âge devant le miroir.

Drôle de chose qu'on ne peut ni prendre, ni toucher !

C'est qui, ce bonhomme noir ?

De 24 à 33 mois, les interrogations se poursuivent sur la "réalité" de l'ombre, car les enfants la touchent encore ; ils essaient toujours un peu de la décoller, ou de la frotter de gauche à droite comme pour l'enlever. En même temps, ils commencent à comprendre qu'ils sont pour quelque chose dans son apparition : certains enfants se mettent au bord de l'écran, avancent et reculent devant celui-ci, en disant "Le voilà!", "Oh ! parti !", "Le voilà !" etc. Ils continuent d'explorer les correspondances entre le corps et l'ombre au moyen de mouvements de "gymnastique" divers, et de va-et-vient du regard entre le corps et l'ombre. C'est d'ailleurs à cette période que l'identification verbale apparaît chez les deux tiers des enfants : "C'est Marianne... le pull à Marianne !" Par contre, on note chez ceux qui ne s'identifient pas des réactions curieuses, jamais observées avec le miroir. L'ombre est prise pour quelqu'un d'autre : "C'est Maman", "Papa", "Bébé"..., ou bien, quand elle n'est pas nommée, et peut-être justement parce qu'il ne sait pas qui c'est, elle reçoit des coups de pied ou de main, jetés très vite avant de se sauver ! Un petit garçon de 30 mois qui avait frappé son ombre, puis s'était sauvé, revint même lui cracher dessus !

À 3 ans, les expérimentations cessent presque complètement, les appellations erronées ont disparu. L'ombre ne fait plus peur, et tous les enfants la nomment par leur prénom, ou par "moi".

L'ombre est le seul type d'image de soi qui déclenche parfois des réactions agressives.

Et le test de la tache ?

Difficile à réaliser, me direz-vous ! Comment s'y prendre pour trouver un test équivalent avec l'ombre, puisqu'on ne voit pas le visage ? Lorsque l'enfant voit la tache dans le miroir, le déclencheur de son geste, soit vers la glace, soit vers lui-même, c'est la perception d'un élément "bizarre" dans la configuration habituelle du visage. Il fallait donc trouver quelque chose d'aussi "frappant" avec l'ombre et, bien sûr, localisé au niveau de la partie invisible du corps, donc de la tête. C'était l'hiver, et presque tous les enfants portaient une cagoule, bonnet qui enserre bien la tête et en respecte la forme. Avant l'observation de chaque enfant, j'empruntais sa cagoule et fixais en quelques points de couture une longue

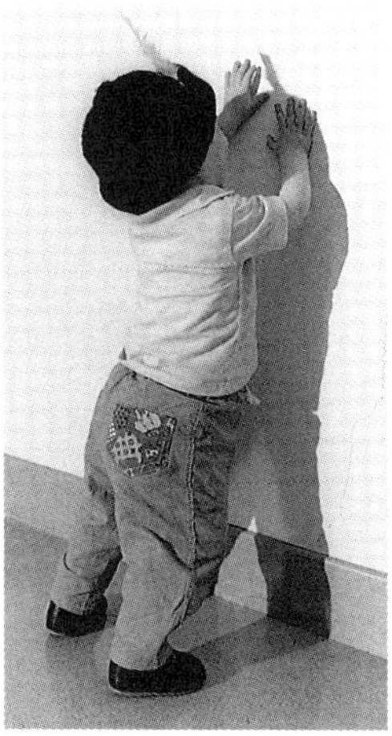

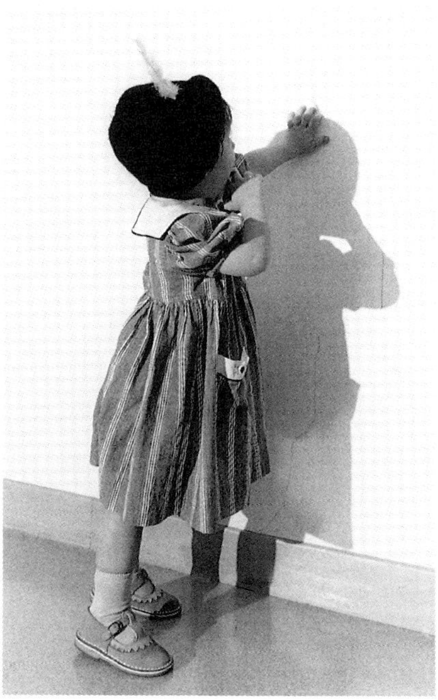

plume sur le côté ! Ensuite l'enfant arrivait, je filmais ses réactions spontanées devant son ombre, puis je lui montrais sa cagoule, en cachant habilement la plume évidemment ! Je lui proposais de la mettre un instant, "pour voir". Une fois la cagoule enfilée, j'attendais quelques instants pour vérifier qu'il ne s'était aperçu de rien, puis je le confrontais de nouveau à son ombre[49]...

Résultats ? Le geste vers la plume n'est pas observé avant 18 mois devant l'ombre verticale. Avant cet âge, les enfants touchent ou grattent l'ombre de la plume sur l'écran, ou se contentent de la regarder. Les réussites deviennent majoritaires à 24 mois, mais il faut attendre 33 mois pour que tous les enfants touchent la plume sur leur propre tête. Comme lorsqu'ils ont une tache sur le visage, la vue de cette chose étrange sur l'ombre de la tête déclenche toutes sortes d'expérimentations, plus intenses encore que devant le miroir : ils bougent la tête, touchent l'écran, vont

voir derrière, et mettent souvent longtemps à trouver la plume sur eux-mêmes. D'ailleurs, les localisations restent bien plus imprécises que pour la tache : ils tâtonnent beaucoup. À 3 ans, le geste est devenu rapide, ils disent : "Y a une plume!" ou "Y a une feuille!" ou "Un petit lapin!" ou encore "Un cow-boy"(!). Ils touchent la plume, ou l'arrachent et me la montrent fièrement !...

Avec l'ombre, le test de la tache devient le test de la plume...

L'OMBRE AU SOL

En présentant l'ombre verticalement, bien contrastée sur un fond blanc et sans déformation, j'avais essayé de lui donner le maximum de visibilité pour les enfants. Comment allaient-ils réagir à leur ombre au sol, parfois située devant, mais souvent derrière eux, parfois toute petite et parfois plus grande qu'eux, mais toujours avec un point d'attache : leurs pieds...
En ce qui concerne l'identification, disons tout de suite qu'elle se produit plus tardivement que pour l'ombre verticale : le retard est de six mois environ. Les premiers gestes vers la plume[50] n'apparaissent qu'à 24 mois, deviennent majoritaires à 33 mois, et ne sont pas encore présents chez tous les enfants de 3 ans. Nommer l'ombre au sol par son prénom apparaît vers 27 mois et se généralise aussi vers 3 ans. Comment s'y prend l'enfant pour faire la relation entre l'ombre au sol et lui ?
Entre 9 et 15 mois, il est souvent assis, ou à quatre pattes, il n'a donc pas une bien grande ombre par terre ! Elle ressemble plutôt à une tache noire assez informe ; de plus, comme elle ne se trouve pas dans son champ de vision habituel, il la remarque moins que l'ombre verticale (il la regarde seulement 30% du temps où on l'observe). Quand il la voit, il la touche, la frotte ou essaie de la "prendre" par terre, et s'aperçoit parfois qu'elle bouge en même temps que lui : il a alors les réactions d'arrêt typiques, stoppe son mouvement, et la regarde. Avant 18 mois, l'enfant établit peu de rapport entre l'ombre au sol et lui, il explore surtout avec la main.

"Il a des doigts comme moi ..."

Ça colle aux pieds !

À partir de 18 mois et jusqu'à 3 ans, l'enfant explore les liens entre lui et cette chose curieuse sur le sol. Comme avec le reflet et l'ombre verticale, il découvre le synchronisme, bouge en regardant l'effet produit. Il est surtout très intrigué, parfois irrité, par l'attache de l'ombre à ses pieds : il regarde autour de ses pieds, marche ou court en surveillant son ombre, change de rythme pour observer ce qu'elle fait ; il essaie même de s'en débarrasser ! J'ai vu ainsi un petit garçon de 21 mois lever un pied pour le décoller de l'ombre mais, déséquilibré, se retrouver à quatre pattes et donc "recollé" à l'ombre par les quatre membres cette fois... Il a passé cinq minutes au moins à soulever une main, un pied, les deux, parfois dans des positions acrobatiques, pour finir par se coucher totalement sur son ombre : la bonne solution pour ne plus la voir!

D'autre enfants regardent les semelles de leurs chaussures, les frottent, tout étonnés que rien n'ait changé quand ils les reposent par terre ! D'autres écartent les jambes le plus possible, ou marchent en les levant très haut... Devant l'échec de leurs tentatives pour se débarrasser de l'ombre, ils s'énervent parfois, tapant violemment du pied sur l'ombre, ou la piétinant

Comment se débarrasser de ce truc qui colle aux pieds ?

rageusement, voire en criant "Va-t-en !" D'ailleurs, les réactions négatives vis-à-vis de l'ombre s'observent très longtemps, de 18 à 30 mois : nombre d'enfants se sauvent hors du rond lumineux émis par le projecteur, et ne veulent plus y retourner.
Après 30 mois, les expérimentations deviennent plus sereines... Les enfants jouent alors à maîtriser l'absence et la présence de leur ombre : il la font apparaître ou disparaître en s'avançant ou non dans le rond lumineux, en ponctuant par des commentaires : "L'est là... L'est parti !" Ils jouent aussi à effectuer des mouvements très visibles dont ils contrôlent les effets sur l'ombre. Les désignations par le prénom se généralisent, mais, comme avec l'ombre verticale, on observe des désignations erronées ou très hésitantes : "C'est Marianne... Non, pas Marianne, Claire" (la grande sœur), ou "C'est Hélène... une fille... Hélène", "Maman". Il est vrai que l'ombre au sol est parfois plus grande que l'enfant ; cela peut l'inciter à penser qu'il ne s'agit pas tout à fait de lui, mais de quelqu'un de plus grand, peut-être...
À 3 ans, tous les enfants désignent l'ombre au sol par leur prénom, mais les expérimentations de toutes sortes n'ont pas encore cessé ; il reste donc des mystères à élucider...

"Pourquoi il me suit ?"

Marche pas sur mon ombre !

Avec ce type d'ombre, et seulement chez les enfants de plus de 18 mois, j'ai tenté une expérience pour voir s'ils avaient un sentiment de solidarité avec leur ombre, s'ils la croyaient "vivante" comme eux, ou s'ils avaient compris qu'elle était seulement une

image d'eux-mêmes, sans réalité propre. Au fond, je cherchais un test équivalent à celui utilisé devant le miroir, en incitant l'enfant à "aller se chercher" derrière...
Le test consiste en une sorte de provocation, que je prenais soin de toujours lancer à la fin des observations : j'incitais l'enfant à regarder son ombre par terre et, d'un ton neutre, ni rieur ni agressif, je disais : "Je marche sur la tête", et je marchais effectivement sur l'ombre de la tête de l'enfant... J'attendais sa réaction, et je recommençais : "Je marche sur la main", et je marchais sur l'ombre de la main.
Résultats ? Jusqu'à 2 ans, les enfants ne réagissent pas à la provocation, car ils ne la comprennent pas... Ils regardent mes pieds, me regardent, surpris, ou imitent mes mouvements, faisant comme moi un pas en avant, ou venant mettre leurs pieds en parallèle avec les miens ! Ils remarquent seulement le mouvement de mes pieds, et non le rapport entre mes pieds et leur ombre.
À partir de 24 mois, et jusqu'à 33 mois, trois réactions apparaissent : l'enfant se recule, se sauve, avec une réaction proche de la peur, il proteste en disant violemment "Non !", ou bien "Pas marche !", "Assis !" (en me renvoyant sur ma chaise), "Pas faire mal !", "Non, faut pas !" Autre réaction très significative, l'enfant déplace ou touche sur lui la partie de son corps que mon pied a touchée sur l'ombre : si je marche sur la main par terre, il retire ou cache vivement sa propre main, ou bien il se touche la tête ou la recule, si j'ai touché avec mes pieds l'ombre de la tête. Ces réactions vives à ma provocation montrent que l'enfant ressent une intense solidarité avec son ombre ; elles témoignent qu'il a établi une bonne correspondance entre son corps et son ombre (d'ailleurs, la plupart des enfants ayant ces réactions s'identifient verbalement), mais aussi que l'illusion spatiale n'est pas encore réduite, que l'ombre a encore une réalité propre.
À partir de 33 mois, et tout à fait nettement à 36 mois, le problème est dépassé. Lorsque je marche sur son ombre, l'enfant me regarde, surpris, puis il sourit ou rit, et recule d'un pas en attendant que je recommence ! Souvent il dit "À moi !" et vient aussi marcher sur mon ombre ! Ma provocation tourne au jeu, cela l'amuse beaucoup et nous continuons un moment.

L'OMBRE ET LE REFLET

La comparaison devait servir à répondre à la question suivante : de quels éléments de l'image de soi l'enfant se sert-il pour s'identifier ? S'il utilisait principalement des repères donnés par le synchronisme de l'image qui bouge en même temps que lui, il ne devait pas y avoir une grande différence dans l'identification de l'ombre et du reflet, ni dans les comportements d'exploration. Si les informations visuelles de l'image étaient importantes, on devait au contraire voir apparaître des comportements différents, et un retard dans l'identification de l'ombre, puisqu'elle fournit moins d'informations.

Les résultats sont clairs : les enfants touchent la plume sur leur tête devant l'ombre environ 9 mois plus tard qu'ils ne touchent la tache sur leur visage devant le miroir. Cela se situe entre 21 et 24 mois pour la tache, entre 30 et 36 mois pour la plume. Pour le critère verbal du prénom, le retard est moindre, car cela apparaît plus tard avec le miroir, vers 27 mois, et vers 30 mois avec l'ombre.

À partir de quand observe-t-on des différences dans les réactions des enfants ? On les note dès 9 mois, et tout au long de la deuxième année. On remarque avec l'ombre une diminution très importante de certaines explorations, au contraire fréquentes au même âge avec le miroir : les va-et-vient visuels et tactiles que les enfants font entre les parties visibles de leur corps, leurs mains, leurs pieds, et la partie correspondante de leur image. L'absence de visibilité du visage rend également impossible, à partir de 18 mois, les correspondances à ce niveau. L'enfant ne fait pas de grimaces, ni de clignements d'yeux, seulement des mouvements de tête, et des explorations avec les cheveux ou les oreilles qui dépassent un peu de la forme de la tête sur l'ombre... Toutes ces vérifications, tous ces contrôles visuels manquent donc à l'enfant devant son ombre et freinent son identification. Pour cette raison, les expérimentations par le mouvement se poursuivent plus longtemps qu'avec le miroir, presque un an de plus. Le premier niveau d'identification, celui qui permet à partir du double visuel de se fabriquer "un corps visuel", une image mentale de son corps, est donc considérablement retardé.

On aurait pu penser, *a contrario*, que le deuxième problème, qui consiste à se débarrasser de la "réalité" du double, serait plus facile à résoudre en raison de l'absence de profondeur et de contexte, pour l'ombre verticale... Il n'en est rien ! En fait, le même piège se pose à l'enfant sous une autre forme : celle de la "matérialité" de l'ombre, qui donne l'impression d'être collée sur l'écran... Jusque vers 27 mois, on le voit essayer inlassablement de décoller l'ombre ou de l'effacer... Quant à l'ombre au sol qui le suit et lui colle aux pieds, comment ne pas avoir l'impression de quelque chose de vivant ? Il faudra 30 ou 33 mois pour passer de la crainte à l'humour...
Un fait frappe ici : l'enfant vient à bout de tous ces "pièges de réalité", ceux du miroir et ceux de l'ombre, à peu près au même âge, entre 30 et 36 mois, et il n'y a guère de décalage d'un double à l'autre. On a l'impression, à travers ces progrès de l'enfant, qu'une étape décisive est franchie, à cet âge, dans la construction de son identité.

À trois ans, l'ombre est apprivoisée...

LA PHOTO

Les photographies sont souvent la deuxième rencontre avec leur image que les bébés ont l'occasion de faire, après celle du miroir. Rencontre guidée par les parents en général, autour de l'album ou des photos des dernières vacances, sur lesquelles on leur désigne chacun à tour de rôle. Regarder des photographies est une activité à laquelle les bébés prennent nettement goût après un an, en y manifestant une passion qu'il faut parfois modérer pour sauver les photos d'étreintes trop vigoureuses ou trop mouillées... Drôles d'images que les photographies ! Drôles de papa et de maman qui ne bougent pas, toujours à la même place, dans le grand livre, ou sur le mur, drôle de bébé avec son seau qu'on ne peut attraper... puisque la main ne rencontre que la surface lisse du papier ! Comment l'enfant va-t-il comprendre que ce bébé qui tient le seau, c'est lui, que ce visage sur le papier, c'est le sien ? Il n'a pas, comme avec le miroir ou l'ombre, la possibilité de découvrir, en bougeant, qu'il y a un rapport entre lui et l'image... Comment va-t-il distinguer son apparence physique de celle des autres ? Comment réagit-il à la photo en tant que telle ? Pour répondre à ces questions, on dispose à l'heure actuelle d'études peu nombreuses[51].

IL Y A QUELQU'UN DANS LA PHOTO ?

Comme la photo ne bouge pas, est en deux dimensions et, de plus, de petit format, on peut se demander si l'enfant va avoir, face à elle, une "illusion de réalité" comme il pouvait en avoir avec le reflet qu'il essayait d'attraper, ou l'ombre qu'il tentait de décoller sur l'écran. Dans une des études[52], l'enfant, assis devant un présentoir avec trois photos différentes posées sur le support, non fixées, a la possibilité de manipuler les photos s'il en a envie. Les enfants sont observés à partir de 15 mois.

Quelle que soit la photo (celle de la mère, de lui ou d'un autre enfant), on observe dès cet âge des réactions d'exploration du "matériau" photo – les enfants tapotent la photo, la touchent, la poussent – et des réactions "d'illusion" : ils essaient de "prendre" l'image dans la photo, la retournent pour voir derrière, ou regardent fixement l'espace vide sur le présentoir une fois la photo retirée...

Ces réactions sont très fréquentes jusqu'à 21 mois, encore présentes chez la moitié des enfants jusqu'à 24 mois ; elles disparaissent ensuite, sauf les tapotements et les gestes pour toucher la photo. Après 2 ans, la photo cesse d'avoir sa réalité propre.

Matthieu frotte la photo, la retourne...
Il cherche à se saisir de l'image.

C'EST MOI SUR LA PHOTO

Dire son nom

On a d'abord commencé à poser aux enfants, comme le font tous les parents, la question "Qui c'est, là ?" en leur montrant tour à tour, sur les photos de famille, ou sur des photos plus "standard" prises pour la circonstance (en général, des diapositives ou des photos cadrant le visage), des images d'eux-mêmes et de leurs proches. Ils nomment d'abord les personnes de la famille, entre 12 et 18 mois. Chez quelques enfants précoces pour parler, l'identification de la photo personnelle est possible dès 21 mois, mais pas toujours de façon très sûre : à cet âge, ils peuvent aussi appliquer leur nom à la photo d'un autre enfant qui leur ressemble ! Avant 2 ans, on obtient aussi de nombreuses réponses du type "Bébé" ou "Garçon", ou "Fille". Il faut attendre 30 mois pour que la majorité des enfants nomment correctement leur photo, et même 36 mois pour qu'il n'y ait plus d'ambiguïté avec quelqu'un d'autre.

– C'est qui, là ?
– C'est Caroline !

Montrer du doigt

On le dit, et on le sait : l'enfant comprend beaucoup plus de choses qu'il ne peut en dire. Peut-être peut-il déjà identifier sa photographie avant de savoir dire son nom ? Comment le savoir ? Grâce à une situation très simple, utilisée dans les recherches récentes : la photo à identifier est présentée en même temps que d'autres photos de même type, sur une page d'album ou sur un support. Pour tester la photo de la mère, on la mêle à celles d'autres femmes, puis on demande à l'enfant, en montrant l'ensemble des photos: "Où elle est, maman ?" Il suffit que l'enfant montre du doigt la "bonne" photo, à l'exclusion des autres, pour pouvoir dire qu'il identifie sa mère. Au besoin, on recommence avec une autre série de photos pour en acquérir la certitude. Pour la photo de l'enfant, on procède de la même façon, en la mêlant à des photos d'enfants du même âge et du même sexe, puis on lui demande : "Où elle est, Fanny ?", "Où il est, Quentin ?"

Il n'est pas toujours possible d'appliquer cette méthode avant 18 mois, car certains enfants ne comprennent pas la demande énoncée, et montrent toutes les photos ; ensuite, elle donne des résultats tout à fait intéressants. On voit effectivement des réussites plus précoces qu'avec la réponse du prénom : montrer sa propre photographie est possible dès 18 ou 20 mois chez les enfants les plus précoces, devient majoritaire vers 24 mois, et est quasiment acquis pour tous les enfants observés vers 28 mois. Pour la photo des parents, l'acquisition s'effectue plus tôt : les enfants montrent sans difficulté leurs parents en photo à partir de 16 mois, et tous le font à 22 mois. Néanmoins, nous ne disposons pas d'observations fiables sur des bébés plus petits, qui permettraient de déterminer à partir de quel âge cette réaction est possible. Les quelques observations dont nous disposons laissent penser que ce serait à partir de 1 an.

"Où elle est, Caroline ?
– Là, dit le doigt..."

Montrer des yeux

Certains enfants ne font rien quand on leur pose la question : "Où est... ?" ; ils ne parlent pas, ne montrent pas leur photo, et pourtant on voit bien qu'ils regardent la "bonne" photo ! Un des chercheurs[52] a donc essayé d'observer cela systématiquement : il regarde où se porte le premier regard de l'enfant après la question, et considère la "réponse visuelle" correcte si ce premier regard vise la "bonne" photo, ou fait un va-et-vient entre la "bonne" photo et l'observateur. Son installation lui permettait de mener l'observation de façon fiable : l'enfant, assis, a trois photos à regarder sur un grand présentoir vertical placé devant lui, une de lui et deux d'enfants inconnus du même âge ; la direction de son regard ainsi que ses comportements sont filmés de face. Le même critère n'est pas utilisable avec des photos trop proches les unes des autres, comme sur une page d'album : il faut de l'espace entre les photos de manière que l'enfant ait presque à tourner la tête pour regarder chacune d'elles et que la direction de son regard soit bien déterminée. Résultats ? Cela permet d'avancer encore l'estimation des réussites. Dès 21 mois, la majorité des enfants "visent" des yeux leur propre photo quand on leur demande où elle est, et tous les enfants le font après 2 ans.

L'identification des parents et des proches sur les photographies semble possible, par geste ou verbalement, à partir de 12 mois, et sûrement à 18 mois. Elle est donc plus précoce que l'identification de soi, qui semble possible sur une photographie à partir de 21 mois. La désignation par le regard est acquise à 24 mois, mais difficile à observer ; la désignation par le geste de montrer s'acquiert entre 24 et 28 mois, et l'utilisation du prénom devient sûre entre 30 et 36 mois.

"Où elle est, Caroline ?
– Là, disent les yeux."

CHANGEMENT DE DÉCOR

Les recherches américaines ont utilisé seulement des photos de visages, en se basant sur des études menées chez les adultes, démontrant que nous éprouvons des difficultés considérables à reconnaître d'autres parties du corps que le visage (les mains, les épaules, par exemple)[53]. Mais on peut se demander si certains éléments du contexte de la photo ne pourraient pas, cependant, aider l'enfant à s'identifier, par exemple le fait de se voir en pied plutôt qu'en portrait, avec ses propres vêtements, ou à côté d'autres membres de la famille qu'il identifie sans difficulté. Un élève de René Zazzo, Jean-Luc Jézéquel, a essayé de vérifier ce fait en utilisant cette même méthode consistant à montrer à l'enfant trois photos devant lui, sur un présentoir. Pour tester le rôle des vêtements et des parents, il a fabriqué des photos "truquées" : l'enfant y porte les vêtements d'un autre, s'y trouve encadré par les parents d'un autre, et réciproquement pour "l'autre"...

Cette recherche ingénieuse, qui a porté sur 80 enfants de 15 à 30 mois, nous apprend... qu'entre 2 et 3 ans l'enfant n'utilise pas les éléments du contexte qui pourraient l'aider à s'identifier ! Ni la présentation en buste par rapport au visage seul, ni la présence sur la photo des vêtements personnels, ou d'un jouet familier, ou des membres de la famille ne facilitent l'identification... Quel que soit le contexte, l'enfant s'identifie au même âge ! Lorsqu'il se voit avec ses parents, cela le réjouit tant de les voir et de les désigner – ce

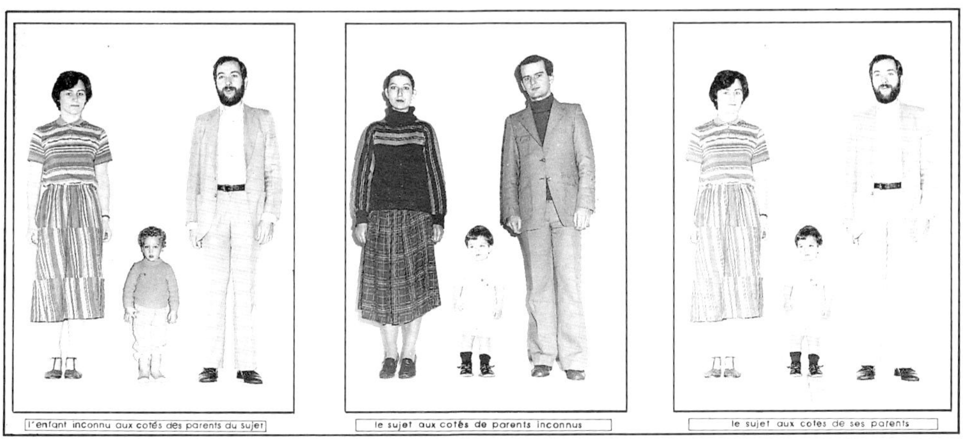

Être entouré de ses parents aide-t-il à se reconnaître en photo?

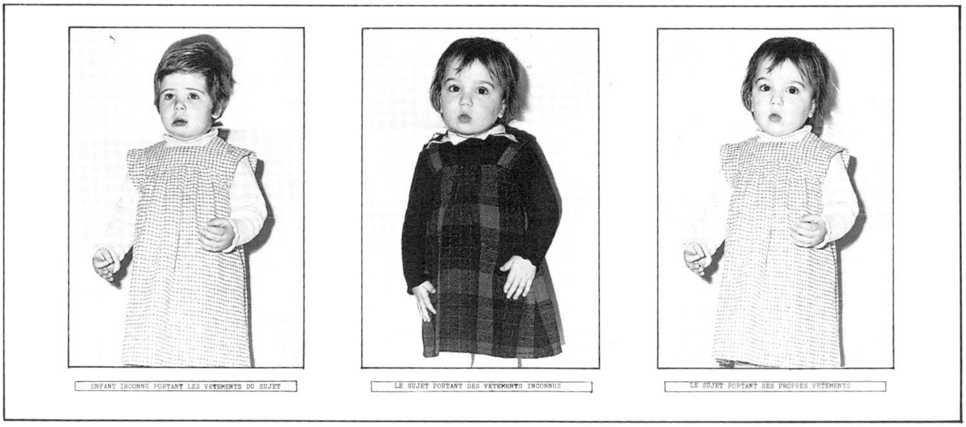

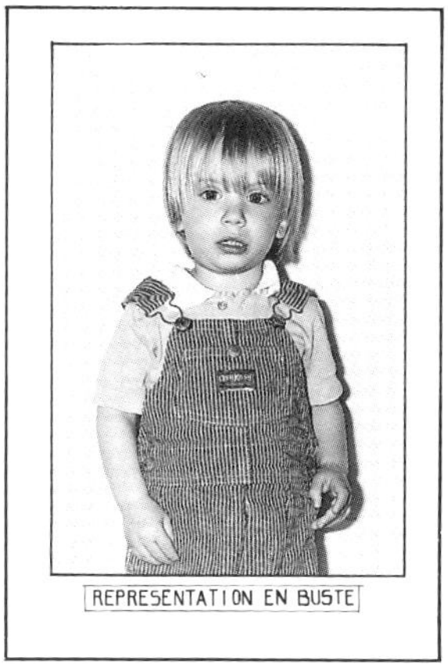

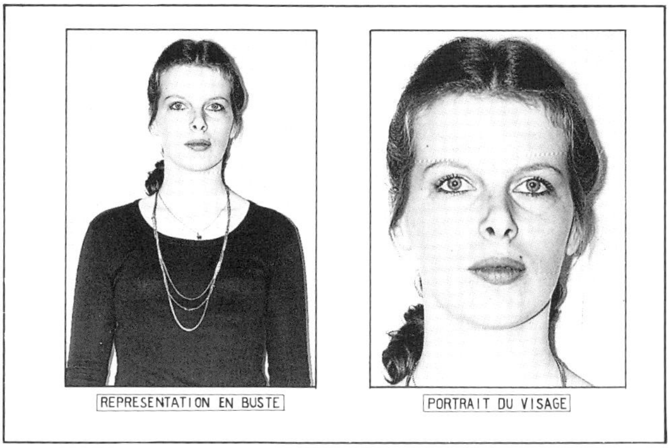

Le repère des vêtements personnels ou le cadrage de la photo jouent-ils sur son identification ?

qu'il fait dès 16 mois, et majoritairement vers 22 mois –, qu'il s'intéresse plus à leur image qu'à la sienne ! Du coup, il s'identifierait même un peu moins facilement que lorsqu'il est seul...

Quelle conclusion peut-on tirer de tout cela ? Il semble qu'à l'âge où l'identification de soi sur les photographies se met en place, entre 2 et 3 ans, elle se base principalement sur les caractéristiques du visage. Les enfants n'utilisent pas à cet âge les indices donnés par le contexte de la photo. Mais à 3 ans et demi, ils le font... Ils les utilisent même trop, car ils se reconnaissent sur les deux photos où on voit leurs vêtements, même si la tête ne correspond pas ! Plus tard, à 4 ans et demi, ils signalent immédiatement la falsification de la photo, et ne sont pas contents qu'on ait "prêté" leurs vêtements ou leurs parents à d'autres !

UN VISAGE DIFFÉRENT DES AUTRES

Si identifier les photographies, c'est surtout reconnaître le visage, on peut se demander à partir de quand l'enfant commence à percevoir la différence entre deux visages vus en photo, même s'il ne peut pas encore les identifier en parlant ou en montrant ? À partir de quand peut-il différencier le visage de sa mère et celui d'une autre femme, ou le sien et celui d'autres enfants ? Des chercheurs ont tenté de le savoir en notant toutes les réactions manifestées par les bébés à ces différentes photos : surtout le temps de regard, pour analyser l'attention, et les réactions affectives, pour analyser le degré d'attirance et de plaisir ou, au contraire, de déplaisir qu'elles suscitent. Ils comparent ensuite l'évolution de ces réactions, d'âge en âge : cela permet de voir à quel moment des différences apparaissent.

Le visage de maman...

N'en déplaise aux autres membres de la famille, c'est surtout la photo de la mère qui a été étudiée par les chercheurs... Dès l'âge de 3 mois, on a pu montrer que les bébés réagissaient par un regain d'attention à l'apparition de la photo de leur mère parmi celles de différentes femmes[54] ; c'est surtout à partir de 6 mois que les réactions sont nettes. L'enfant regarde la photo de la mère plus longtemps que celle d'une inconnue, et manifeste des réactions beaucoup plus positives. Quand on présente au bébé la photo de sa mère à 30 centimètres devant lui, il tend les bras, essaie de la toucher, sourit, gazouille, se penche en avant. Devant la photo d'une inconnue, il ne manifeste rien, peut même avoir des réactions négatives : il se détourne, "balaye" éventuellement la photo de la main, ou baisse la tête... Ces résultats sont très nets entre 6 et 8 mois, et plus encore pour les photos en buste de la mère que pour celles du visage.
Vers 9 mois, il se passe quelque chose de curieux : l'enfant commence à réagir de façon moins positive à toutes les photographies de "mères", la sienne y compris, mais cette réaction est très nette pour la photo de sa propre mère vers 10 ou 12 mois[55]. À quoi cela peut-il être dû ? On peut penser que ce changement

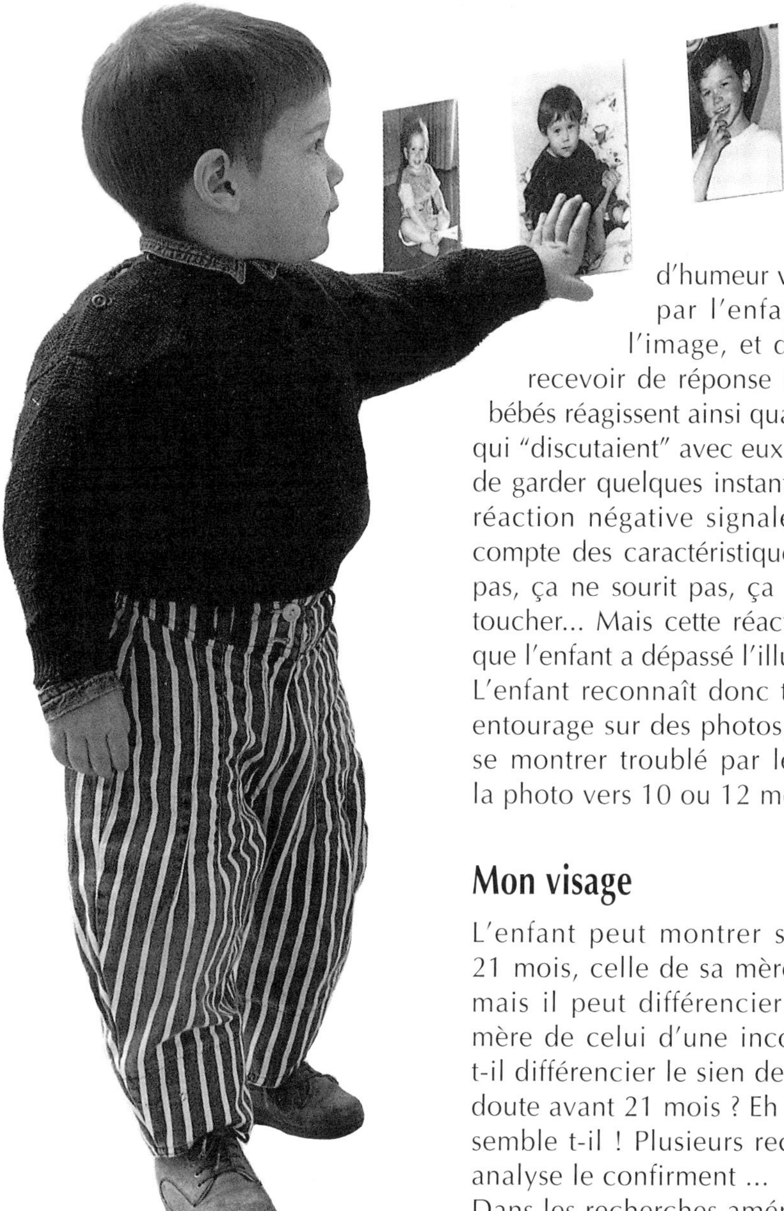

d'humeur vient de la prise de conscience par l'enfant de la fixité anormale de l'image, et de sa "déception" de ne pas recevoir de réponse à ses messages ; en effet, les bébés réagissent ainsi quand on demande à leurs mères qui "discutaient" avec eux de cesser de leur répondre, et de garder quelques instants le visage immobile[56]. Cette réaction négative signale donc la première prise en compte des caractéristiques de la photo : ça ne bouge pas, ça ne sourit pas, ça ne parle pas, on ne peut pas toucher... Mais cette réaction ne permet pas d'affirmer que l'enfant a dépassé l'illusion de réalité.
L'enfant reconnaît donc très tôt les personnes de son entourage sur des photos, dès 6 mois, et commence à se montrer troublé par les caractéristiques propres à la photo vers 10 ou 12 mois.

C'est en reconnaissant son visage que Caroline identifie immédiatement sa photo.

Mon visage

L'enfant peut montrer sa photographie à partir de 21 mois, celle de sa mère à 16 mois ou même avant, mais il peut différencier dès 6 mois le visage de sa mère de celui d'une inconnue. Alors, à quel âge va-t-il différencier le sien de celui d'autres enfants ? Sans doute avant 21 mois ? Eh bien non, pas avant 21 mois, semble t-il ! Plusieurs recherches ayant effectué cette analyse le confirment ...
Dans les recherches américaines, on donne à regarder aux bébés des diapositives présentant leur visage et celui d'autres enfants. On note les temps de regards et les réactions affectives, puis on compare les scores obtenus pour les différentes photos. Aucune différence claire n'apparaît avant 20 mois quand on compare les deux photos les plus proches, celles de l'enfant et d'un autre de même âge et de même sexe. La différenciation sur la base des caractéristiques singulières du visage ne semble donc pas possible avant cet âge. Dans cette étude, on observe donc des réactions significatives vis-à-vis de l'image de soi vers 21 ou 22 mois : les enfants regardent et sourient plus à leur

propre photographie qu'à celle d'un enfant inconnu de même âge et de même sexe. Mais, pourrait-on se dire, s'ils sourient moins à la photo de l'autre, c'est peut-être justement parce qu'il est inconnu, cet autre ! Heureusement, une étude française a établi la même comparaison avec les photos d'enfants connus, qui fréquentent le même groupe de crèche (les photos sont des portraits, et les enfants portent des vêtements neutres, appartenant à la crèche). Jusqu'à 22 mois, les réactions d'attraction sont identiques pour la photo de soi et celle du "copain" de crèche, mais nulles envers la photo d'un inconnu. À partir de 22 mois, par contre, l'humeur change vis-à-vis de la photo de soi, avec des réactions d'hésitation et de perplexité, alors qu'elles restent positives pour le copain. Ceci s'observe entre 22 et 26 mois, juste dans la période précédant la désignation par le prénom. Remarquons que, contrairement aux personnes de la famille, le "copain" de la crèche n'est pas identifié plus tôt que soi-même, mais au même âge, vers 26 mois.

L'identification des proches, possible dès 6 ou 8 mois, précède donc de beaucoup l'identification de soi sur les photographies, observée entre 21 et 30 mois, et celle des *alter ego* du même âge. L'identification semble basée principalement sur la perception du visage, puisque ni les présentations en buste, ni le fait d'avoir ses parents à côté de soi, ni celui de porter ses vêtements ne semblent la faciliter nettement. Vingt et un mois, c'est l'âge où le visage est très activement exploré devant le miroir, où les enfants touchent la tache sur leur visage... On peut se demander si nous pourrions identifier nos photos sans disposer d'un miroir, ou s'il ne faut pas d'abord avoir identifié son image dans le miroir pour y parvenir sur une photo ? Deux recherches[57] nous permettent de savoir si, pour les mêmes enfants, le reflet est identifié avant la photo, si le geste vers la tache devant le miroir précède ou non le pointage pour désigner sa propre photographie. La réponse est positive pour la très grande majorité des enfants : le reflet est identifié plus tôt que la photo, ou en même temps. Identifier son visage demande donc, semble-t-il, de l'avoir "fréquenté" dans le miroir, ou peut-être d'avoir regardé souvent des photos personnelles (mais cela n'a pas été étudié), comme il faut avoir fréquenté ses copains de crèche pour pouvoir identifier leurs photos.

L'IMAGE VIDÉO

Il est donc clair qu'entre 2 ans et 2 ans et demi les jeunes enfants deviennent capables d'identifier leur image, dans le miroir et sur une photographie. Mais comment savoir précisément quelles informations de l'image leur permettent de le faire, puisque chaque type d'image en apporte de différentes ; le miroir, en particulier, en donne plusieurs à la fois. Est-ce que, pour s'identifier, l'enfant se sert du synchronisme des mouvements de l'image, ou plutôt de l'apparence de l'image, ou bien des deux, mais peut-être à des âges différents ? On ne peut pas répondre précisément avec le miroir, mais avec la vidéo, si !

Grâce à ses possibilités d'enregistrement et de rediffusion en direct ou en différé, on peut prendre les questions une par une, comparer les réactions des mêmes bébés à leur image vidéo en direct, puis en différé, pour savoir à quel moment ils sont sensibles au fait que l'image bouge en même temps qu'eux. Il est possible aussi de comparer leurs réactions à leur propre image en différé, et à celle d'un autre enfant du même âge en différé aussi, pour savoir à quel âge ils différencient les deux images sur l'apparence, sans l'aide du synchronisme. La vidéo se révèle donc un outil de recherche tout à fait passionnant pour mieux comprendre comment l'enfant s'identifie, comment il s'y prend.

L'image du miroir tourne la tête vers la droite, celle de la vidéo vers la gauche... Marie s'y retrouvera-t-elle ?

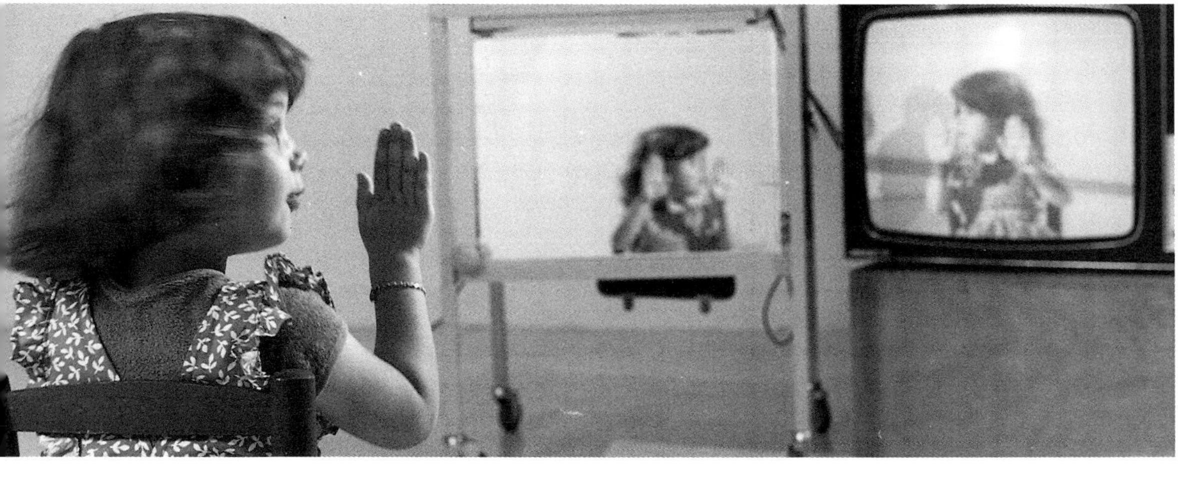

JE ME VOIS DANS LA TÉLÉ !

Les quatre études de référence pour l'image vidéo de l'enfant sont toutes américaines[58], et nous laissent un peu sur notre faim en ce qui concerne la découverte et l'identification de l'image vidéo par l'enfant. Curieusement, alors que cela ne présente pas plus de difficultés qu'avec le miroir, on n'a presque pas observé le test de la tache, ni la désignation par le prénom, ni le non-contournement, sans doute parce que la quasi-totalité des recherches se sont centrées sur les comparaisons.

Dans ces études, l'enfant n'a pas le loisir de s'approcher tout près de l'écran de télévision : assis dans une chaise haute, il le regarde à 1 mètre environ devant lui. Un des chercheurs[59] prend la peine de "rectifier" l'inversion gauche/droite de l'image télévisée, pour qu'elle soit semblable à l'image du miroir. Arrêtons-nous un instant sur cette particularité : si on se penche à droite devant le miroir, l'image se penche aussi à droite, mais le "personnage" du miroir se penche en fait sur sa gauche à lui, du fait de la symétrie du miroir. Avec la vidéo en direct, au contraire, si on se penche à droite, le "personnage" se penche à gauche de l'écran, mais sur sa droite à lui. Il n'y a pas la symétrie du miroir, mais un effet de face à face, avec une rotation à 180°. Quand on est habitué au miroir, la vidéo en direct crée une certaine perturbation, aussi certains chercheurs ont-ils préféré supprimer ce problème supplémentaire pour l'enfant, mais pas tous. Dans une recherche menée par René Zazzo[60] avec des enfants plus grands, entre 3 et 7 ans, nous avons utilisé cette propriété d'inversion de l'image télévisée (ainsi que l'image en différé) pour tester la solidité de l'identification de soi des enfants. L'inversion ne perturbe pas les enfants de 3 ans, mais beaucoup ceux de 5 à 6 ans qui, du coup, ont des doutes sur "qui est dans la télé". Par contre, à 7 ans, plus de problème : ils nous disent "C'est moi quand même", ou bien "C'est ta télé qui marche pas !" ou encore "T'as qu'à remettre l'autre chaîne, tu vas voir, ça va marcher !"

L'image vidéo de soi ressemble donc beaucoup à celle du miroir, à l'exception de cette inversion gauche-droite. Comme le miroir, elle suscite chez les

bébés des réactions d'intérêt et de plaisir. Dès 9 ou 12 mois, les sourires, les vocalises, les mouvements vers l'image sont présents chez 30% des enfants, et augmentent jusqu'à 24 mois (60% des enfants). On n'observe pas de réactions négatives, ni d'évitement,

Ça bouge comme moi à la télé !

vers 18 ou 21 mois, comme avec le miroir (mais les enfants sont assis, donc incapables de s'éloigner ou de se rapprocher de l'écran). Les jeux pour expérimenter le synchronisme restent tout aussi fréquents avec la vidéo qu'avec le miroir, depuis 9 mois jusqu'à

2 ans, et diminuent la troisième année. Ce sont surtout (sans doute à cause du cadrage sur la tête) des "jeux de visage", des grimaces – langue tirée, mouvements de la bouche – mais aussi chez les plus grands, des jeux de "cache-cache" avec l'image : les enfants découvrent qu'en bougeant ils peuvent se voir ou non... et cela les amuse beaucoup !

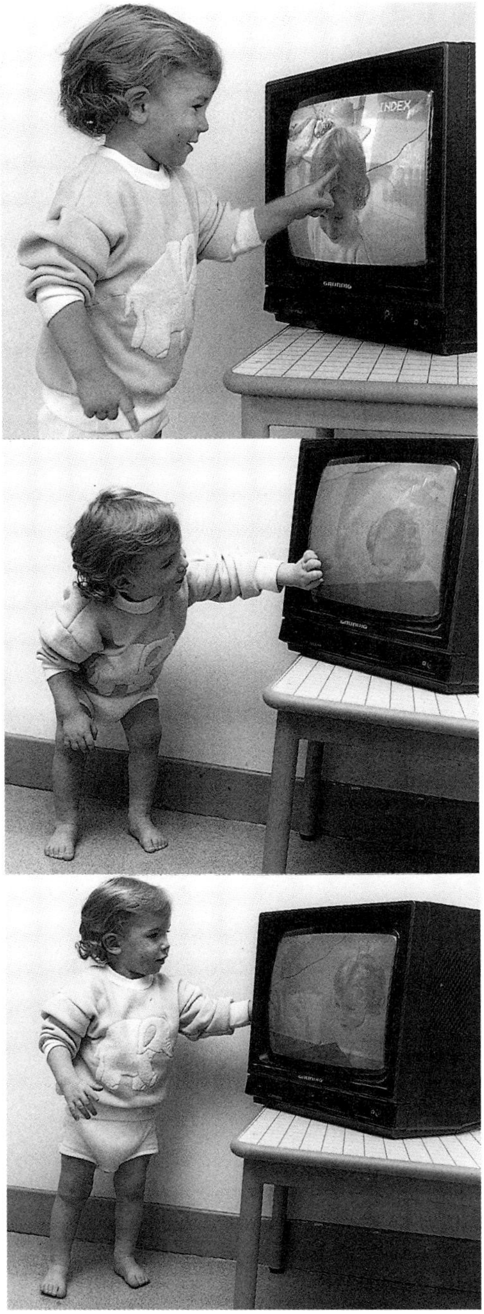

Florian gratte l'écran...
Où est l'enfant qu'il voit ?

À partir des quelques observations dont nous disposons, il semble que l'image vidéo de soi, en direct, soit identifiée en même temps que celle du miroir, à partir de 21 ou 22 mois, en se basant sur des critères gestuels, et après 24 mois pour l'utilisation du prénom. Quant aux parents, les enfants les reconnaissent plus tôt qu'eux-mêmes dans la vidéo, en moyenne vers 18 mois.

Une image télévisée différée est identifiée deux à trois mois plus tard que l'image en direct, vers 24 mois. Avec ce type d'image en différé, certains enfants tentent de retrouver le synchronisme, imitant les gestes qu'ils voient sur l'écran de télévision, mais seulement à partir de 15 ou 18 mois, et dans une faible proportion (10%).

Il n'existe pas d'observations sur les réactions des enfants à des films vidéo pris plusieurs mois plus tôt. On peut supposer que l'identification serait encore plus tardive. La seule observation dont on dispose est celle de René Zazzo sur son fils : celui-ci ne s'était nommé qu'à 33 mois, sur des films familiaux, plus tard que sur les photos. Les recherches restent à faire[61]...

Avec l'image vidéo en direct, l'identification de soi se ferait en même temps que devant le miroir, entre21 et 24 mois. Une seule chose paraît sûre : l'image différée provoque des réactions plus tardives que l'image en direct, décalées de deux mois environ... Le différé, donc l'absence de synchronisme de l'image avec ses mouvements, semble gêner l'enfant pour s'identifier. Mais à partir de quel âge est-il sensible à cet aspect de l'image ?

"C'est maman"... "C'est papa dans la télé !"

ÇA BOUGE PAS COMME MOI !

On a donc comparé les réactions des enfants à deux images d'eux-mêmes, l'une bougeant en même temps qu'eux, l'autre bougeant sans rapport avec les mouvements qu'ils effectuent à ce moment-là. Les enfants, âgés de 9 à 36 mois, sont assis devant un écran de télévision, et on leur passe successivement des images d'eux-mêmes en direct et d'autres en différé, enregistrées quelques instants ou quelques jours auparavant. On note leurs réactions : l'attention, les mimiques (sourires, expression sombre ou concentrée), les vocalisations (de plaisir ou de déplaisir), et les jeux avec le synchronisme de l'image. La comparaison montre qu'à partir de 12 mois l'enfant commence à repérer la différence entre l'image de lui synchrone et la différée : la différence, très nette entre15 et 24 mois, s'atténue ensuite. L'image synchrone suscite beaucoup plus de sourires, de mouvements vers elle et de jeux avec le synchronisme que la différée.

On a mené une recherche analogue avec des bébés de 5 mois, mais à l'aide d'une autre méthode. Le bébé est installé devant deux écrans de télévision placés côte à côte : l'un diffuse son image synchrone, l'autre son image différée, et on observe celui qu'il préfère regarder. Les bébés de 5 mois montrent une préférence pour l'image différée, au cours du premier essai. Au second essai, ils commencent à regarder davantage l'image synchrone, comme s'il leur fallait un certain apprentissage pour découvrir la relation entre leurs mouvements et ce qui se passe sur l'écran[62]. Que les bébés préfèrent l'une ou l'autre image, de toute façon, leurs réactions différentes montrent qu'ils détectent le synchronisme de l'image dès 5 mois.

Les chercheurs, par nature perfectionnistes, tentent toujours de confirmer un premier résultat, et d'éliminer toute cause d'erreurs possible. Une autre équipe américaine[63] fait la remarque suivante : dans les études ci-dessus évoquées, c'est surtout le haut du corps et le visage du bébé qui sont filmés. Or, cela pose un problème : celui du regard. Quand le bébé regarde la vidéo de lui synchrone, il voit bouger ses jambes et ses bras ; mais dès qu'il se regarde, ses

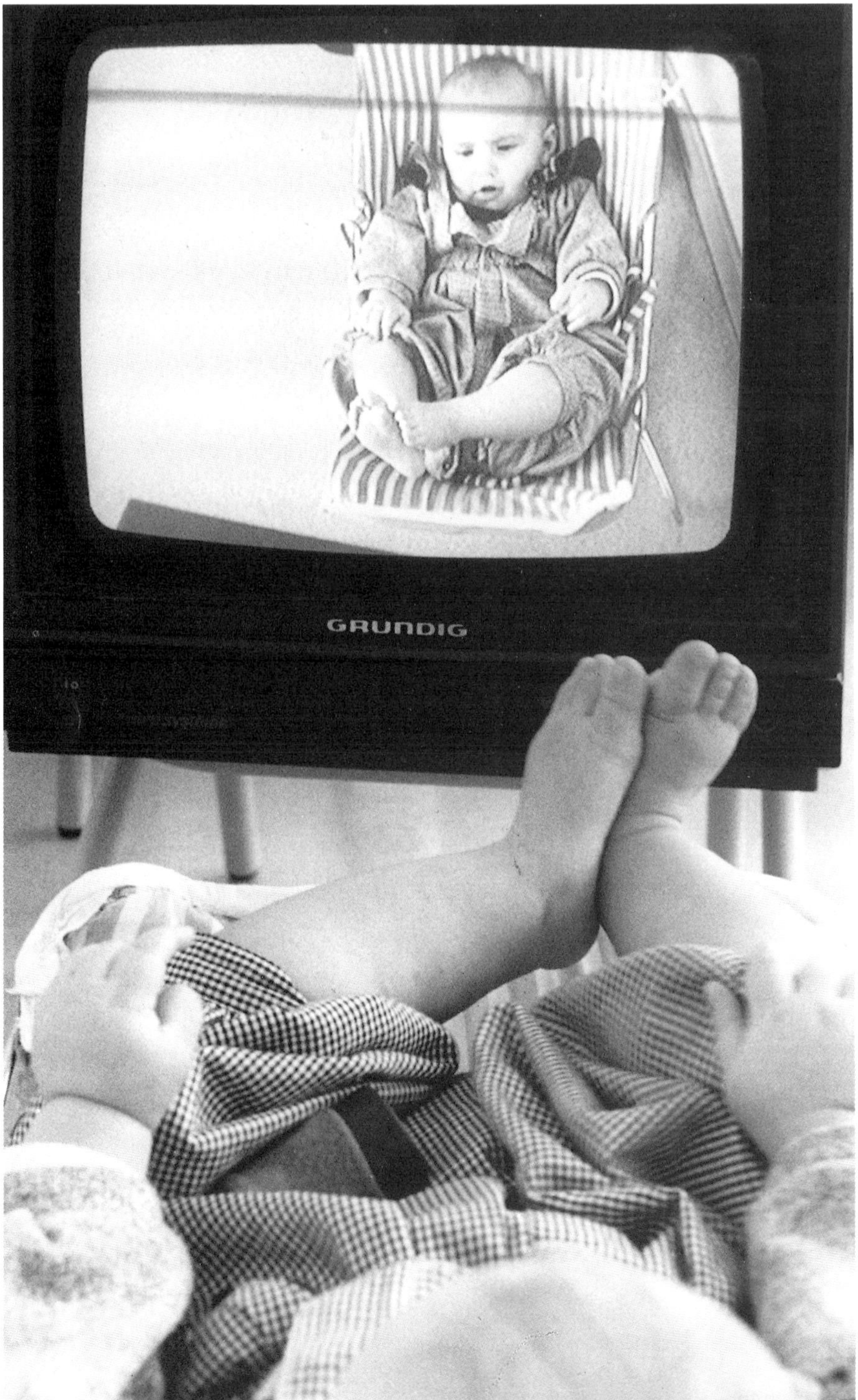

Dès 5 mois, les bébés réagissent différemment au direct et au différé.

yeux sont fixes, alors que sur une vidéo en différé, le regard est mobile, comme le reste... Les deux images ne diffèrent donc pas seulement par le synchronisme, mais aussi par le regard, fait gênant... Ils en ont conclu qu'il ne fallait pas associer le problème du synchronisme à celui du regard, et ont décidé de filmer les bébés seulement à partir de la taille. Les bébés qu'ils observent ont aussi 5 mois, portent tous le même pyjama, avec des pieds jaunes, bien visibles, et on leur montre sur deux écrans de télévision placés côte à côte leurs pieds qui bougent en même temps qu'eux et leurs pieds en différé...

Résultats ? Ils confirment les premières constatations : les bébés de 5 mois détectent le synchronisme de l'image de leurs pieds et préfèrent les images non synchrones, qu'ils regardent plus longtemps.

Toujours curieux – comme il se doit ! – les mêmes auteurs ont aussi observé des bébés de 3 mois, et constatent que certains se comportent déjà comme ceux de 5 mois, alors que d'autres préfèrent regarder l'image synchrone. Il semblerait que, dans les tout premiers mois, les bébés préfèrent des "spectacles" visuels sans trop de nouveauté, choses ou visages familiers aux réactions prévisibles. On a d'ailleurs démontré un phénomène du même ordre sur le plan auditif : des nouveau-nés en train de pleurer se calment immédiatement si on leur passe l'enregistrement de leurs propres pleurs, alors qu'ils ne se calment pas en entendant ceux d'un autre enfant ![64]

À 5 mois, au contraire, l'intérêt des bébés est déjà beaucoup moins centré sur eux-mêmes. Ils ont commencé d'expérimenter toutes sortes de relations avec les objets et les personnes de leur entourage, et sont habitués dans ces relations à de fréquents décalages temporels. Si le bébé sourit, sa mère va peut-être répondre par un autre sourire, mais avec une ou deux secondes d'écart, ou elle va répondre par autre chose qu'un sourire : en le câlinant, ou en parlant. Voilà probablement pourquoi, devant les images télévisées, les bébés de 5 mois préfèrent celles non synchrones.

En tout cas, que les bébés préfèrent ou non les images synchrones, il est clair que, dès 5 mois – et même dès 3 mois –, ils perçoivent, devant certaines images, que quelque chose se produit immanquablement : une correspondance temporelle entre ce qu'ils voient et ce qu'ils ressentent corporellement. Il ne s'agit pas encore, bien sûr, d'une capacité d'identification de l'image, mais d'une capacité de détection d'une information qui servira d'outil de base pour la construction progressive de l'identification de soi. On voit d'ailleurs, à partir de 1 an, comment cette détection devient une expérimentation active : l'enfant utilise les correspondances détectées pour, en quelque sorte, les tester, les confirmer, avec ses mains, ses pieds et tout son corps, jusqu'à en "déduire" une connaissance visuelle de son visage et des parties non visibles de lui-même.

C'EST MA TÊTE ?

Trois recherches ont été menées avec l'image différée[65], pour déterminer à quel moment l'enfant peut différencier son visage de celui d'autrui, sans l'aide du synchronisme. C'était déjà le problème de l'identification de la photo, mais avec une image fixe. Ici, les deux images bougent, mais pas en même temps que soi. Les bébés, installés comme décrit ci-dessus, ont entre 9 et 36 mois, et on note leur attention, leurs mimiques et leurs mouvements. Résultat ? Presque pas de différences dans les réactions face à soi ou à un autre enfant vu en différé dans la vidéo ! Les enfants auraient tendance à sourire plus et à se montrer un peu plus attirés par l'image de l'autre que par la leur, à tous les âges (cela vient peut-être du problème du regard, déjà évoqué). Il se produit quelques réactions différentes à partir de 21 mois, mais rien de très net avant 30 mois. Cela confirme donc le constat effectué avec la photo : la distinction de l'image de soi, sur la base d'indices seulement visuels, reste tardive, elle ne se produit pas avant 2 ans.
C'est donc d'abord et surtout en repérant le synchronisme de l'image avec ses propres mouvements que le bébé va, peu à peu, faire des rapprochements entre elle et lui, et découvrir qu'il a une apparence visuelle. Cette capacité de détection du synchronisme est présente dès les premiers mois, et le bébé s'en servira très activement à partir de 9 mois. Bien plus tard seulement, lorsqu'il aura pu découvrir son visage, un peu avant 2 ans, il pourra s'identifier sur la base d'indices purement visuels.

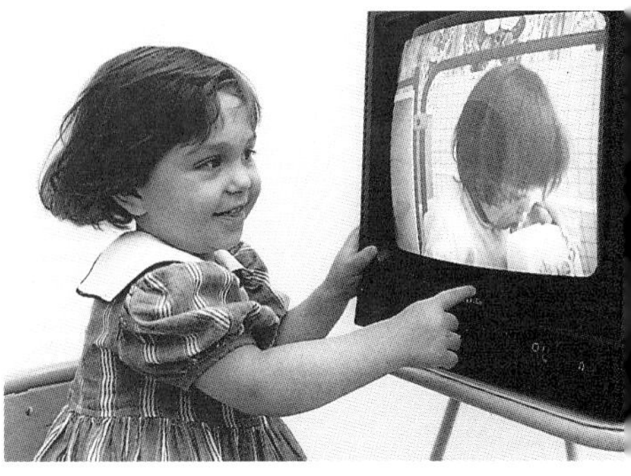

"C'est Caroline...", mais elle ne porte pas la même robe et elle ne fait pas la même chose...

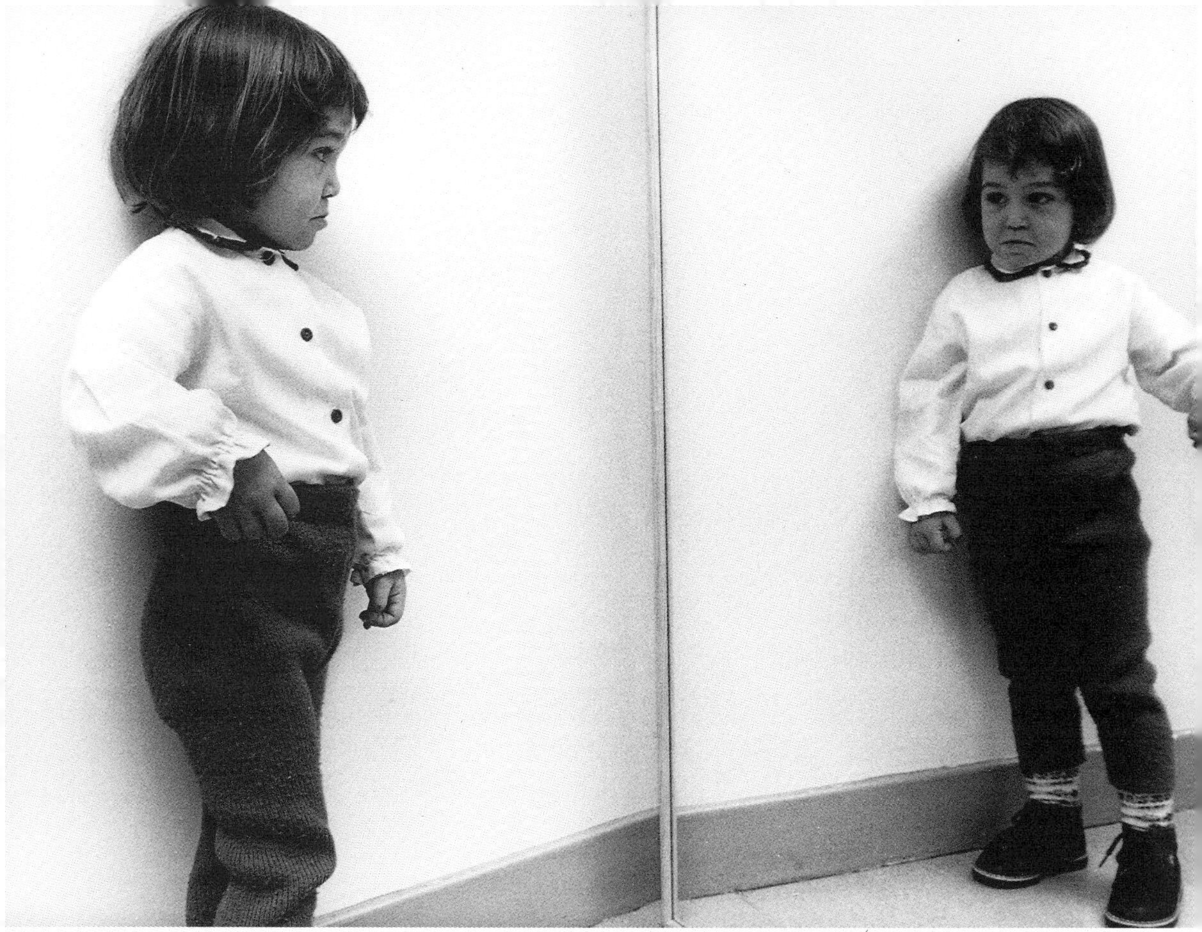

SORTIR DU DOUBLE

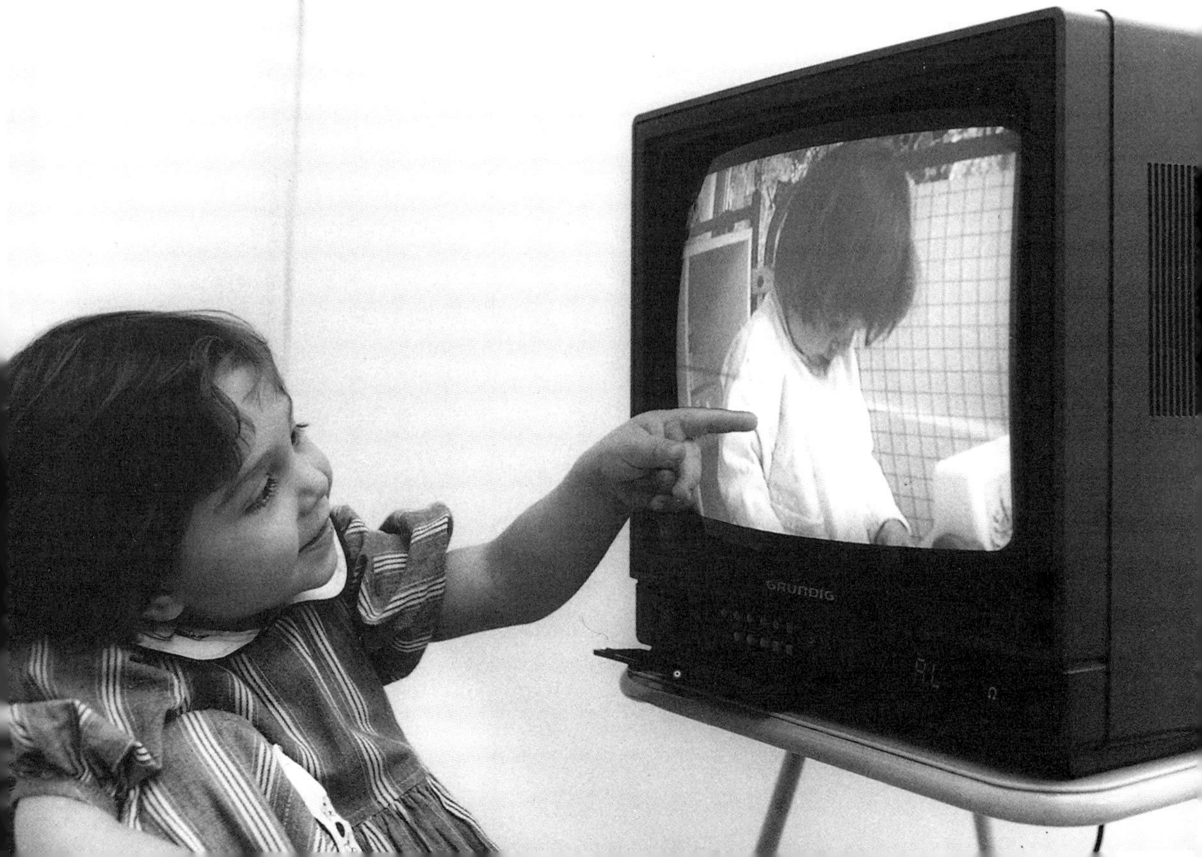

Il faut donc presque trois ans pour que l'enfant puisse, de façon sûre, identifier son image avec n'importe lequel de ses doubles visuels. Que l'image de son corps bouge ou non, qu'elle soit colorée ou noire, grande ou petite, déformée ou non, en trois ou en deux dimensions, c'est entre 2 ans et demi et 3 ans qu'il devient capable de dire à chaque fois "C'est moi", progrès considérable pour la construction de son identité personnelle. Cela signifie qu'il possède maintenant une image visuelle de lui-même, devenue intérieure et permanente, indépendante des circonstances ou du contexte, qu'il est "lui" avec son apparence, différent des autres, et unique. À partir de cette base, il va pouvoir, en grandissant, et malgré une image physique qui continue de se transformer, garder le sentiment d'une identité, d'une continuité de lui-même dans le temps.
Cette conquête résulte d'un long cheminement qui commence vers 9 mois, et se consolide vraiment entre 2 et 3 ans.

– À 9 mois se situe la découverte active du synchronisme de l'image du miroir ou de la vidéo. Depuis plusieurs mois déjà, le bébé sait détecter ce synchronisme mais, à partir de cet âge, et surtout de 12 mois, il va pouvoir l'expérimenter volontairement. Cela lui fait repérer des régularités, des correspondances toujours répétées : la main qui bouge sur le miroir est bien la même qu'il sent bouger, le pied aussi, le corps aussi... Le repérage par le mouvement se double de vérifications par le regard, de comparaisons entre l'image et les parties visibles de son corps. L'enfant apprend ainsi dans l'action à quoi ressemble son corps visible : il établit une sorte d'homologation progressive entre lui et l'image qu'il voit. On peut dire que, dans cette première phase, la prise de conscience du synchronisme des mouvements de l'image avec ceux de l'enfant constitue vraiment l'expérience-clé autour de laquelle se construit l'identification de soi. Rien d'étonnant donc à ce que le reflet et l'image vidéo en direct, qui bougent en même temps que l'enfant, soient par la suite les premiers doubles à être identifiés[66].

– À partir de 18 mois, l'homologation englobe le corps tout entier et surtout le visage, ce que manifeste la réussite au test de la tache devant le miroir, vers 21 mois. Toucher la tache sur soi, sans avoir jamais vu son propre visage en direct, signifie deux choses : l'enfant sait à quoi ressemble son visage "intact", sans la tache, il s'en est donc fait une image de référence dans la tête ; il sait aussi que l'image du miroir en face renvoie à son visage à lui, solidaire de tout son corps[67]. Pourtant, malgré ce progrès décisif, il existe encore beaucoup de contradictions dans le comportement de l'enfant : il présente des réactions de malaise et d'évitement, autant devant le reflet que devant l'ombre ou la photo et, bien qu'il identifie son visage, il se cherche encore derrière le miroir, regarde au dos de la photo, ou gratte l'ombre pour la décoller... Tout cela montre combien l'identité naissante est encore fragile, dépendante du contexte et facilement piégée par les illusions de réalité. L'identité émerge, mais éclatée en plusieurs images que l'enfant n'a pas encore unifiées.

– À partir de 24 mois, un deuxième niveau d'identification s'installe, plus dégagé de l'action immédiate : la capacité à identifier sa propre image en l'absence du synchronisme en constitue l'un des tests essentiels. À 24 mois, les doubles fixes ou désynchronisés – les photos et les images vidéo en différé – sont identifiés. L'enfant n'a plus besoin du synchronisme pour l'identification de soi, il se base sur l'apparence du visage et peut se différencier très nettement d'un autre qui lui ressemble.

– À 30 mois, il identifie aussi son ombre verticale, malgré l'absence de visage. C'est aussi le moment où les progrès du langage lui permettent de s'approprier ses images en les nommant, et surtout de donner un nom unique à toutes ces variations visuelles de lui-même. l'enfant sait qu'il n'existe qu'en un seul endroit et que ses doubles ne sont pas réels : il cesse de se chercher derrière le miroir, de retourner sa photo ou de vouloir à tout prix décoller ses pieds de l'ombre.

– Vers 3 ans, il identifie son ombre au sol, malgré l'absence du visage et les déformations, il se sert du miroir pour faire le clown ou s'admirer, et rit si l'on marche sur son ombre... Tous les éléments séparés de son identité physique sont intégrés en un tout, ses sensations, son apparence visuelle, l'espace qu'il occupe, et son nom. Il peut dire tranquillement "C'est moi" devant tous ses doubles.

Chronologie comparée de l'identification des différentes images de soi

Identification par le geste : toucher la tache, ou la plume, ou montrer la photo

Réussite	Miroir	TV direct	TV différé	Photo	Ombre verticale	Ombre au sol
Début	18 mois	18 mois	18 mois	18 mois	18 mois	24 mois
> 50%	21 mois	22 mois ?	24 mois	25 mois	30 mois	33 mois
100%	24 mois	?	?	28 mois	36 mois	>36 mois

Identification par la parole : désigner l'image par son prénom ou par "moi"

Réussite	Miroir	TV direct	TV différé	Photo	Ombre verticale	Ombre au sol
Début	24 mois	?	?	24 mois	24 mois	27 mois
> 50%	27 mois	?	?	30 mois	30 mois	33 mois
100%	36 mois	?	?	36 mois	36 mois	36 mois

Entre 18 mois et 3 ans, tous les types d'image de soi sont progressivement identifiés par l'enfant.
On voit tout de suite que le critère gestuel est beaucoup plus indicatif que le critère verbal. Si l'on s'en tenait seulement à celui-ci, on verrait les réussites (>50%) "tassées" sur six mois, entre 27 et 33 mois, alors que l'utilisation des critères gestuels montrent une évolution beaucoup plus fine, sur toute une année, de 21 à 33 mois. Il y a là l'effet de barrière de l'apparition du langage, qui masque les capacités réelles des enfants. C'est tout l'intérêt des recherches récentes : avoir trouvé des situations-tests permettant d'"interroger" le comportement de l'enfant sans le questionner verbalement, ni lui suggérer les réponses.
On voit aussi, avec le critère gestuel, que 18 mois est vraiment un âge-clé, pour l'identification de soi, à partir duquel se construit chez l'enfant, et jusqu'à 3 ans, grâce aux différents doubles visuels qu'il découvre, la représentation mentale de son corps.

L'expérience des miroirs

Contrairement à ce qu'on pourrait penser, il ne semble pas, à travers les recherches, que l'expérience des miroirs joue beaucoup dans la capacité de s'identifier. On n'a pas trouvé de rapport entre la réussite au test de la tache et la fréquence avec laquelle on met les enfants devant le miroir. Il faut d'ailleurs peu de temps aux chimpanzés qui n'ont jamais vu de miroir pour commencer à explorer leur corps par son intermédiaire (deux ou trois jours seulement). Il en faut encore moins aux enfants bédouins élevés sans miroir pour toucher la tache sur leur visage au même âge que les petits citadins israéliens, français ou américains : sept minutes seulement en moyenne ! L'expérience et l'apprentissage des miroirs jouent, par contre, pour en apprendre les propriétés réfléchissantes, notamment pour se retourner vers les personnes ou les objets vus dans le miroir[68]. On peut donc penser qu'il en est de l'identification de l'image de soi comme de la marche ou d'autres progrès de l'enfant, c'est une question de maturation. Il n'est donc pas utile de se livrer très tôt à un "apprentissage" en règle du miroir, de répéter à un jeune bébé : "C'est toi, tu vois, c'est Vincent dans la glace"... Il comprendra ces paroles seulement lorsqu'il aura, par lui-même, découvert les correspondances entre lui et son image. N'en concluons pas pour autant qu'il vaut mieux bannir tous les miroirs : il faut des miroirs, mais pas trop ; on peut se demander si les "murs" de miroir ne renforcent pas exagérément l'illusion de la profondeur dont les enfants ne viennent déjà pas facilement à bout avec un miroir de taille réduite... Il faut surtout laisser les enfants faire spontanément leurs expériences avec le miroir.

Les capacités intellectuelles

Si l'identification de soi ne semble pas liée à une grande fréquentation des miroirs, mais plutôt à la maturation, on peut donc s'attendre à ce qu'elle soit en étroite liaison avec les progrès des capacités intellectuelles générales. Plusieurs constats très nets vont effectivement dans ce sens : l'âge de 18 mois, où l'on voit apparaître en même temps les premiers mouvements vers la tache devant le miroir, ceux vers la plume devant l'ombre et la désignation gestuelle des photos, semble un âge-clé pour l'identification. Très rares sont les cas où l'on note une réussite plus précoce et, semble-t-il, jamais avant 15 mois. Or, 18 mois, c'est aussi un âge-clé du développement intellectuel de l'enfant, justement celui de la représentation mentale qui permet d'évoquer en pensée ou par le langage des choses ou des personnes absentes, d'imiter, de jouer à faire semblant, de dessiner. Les études menées auprès d'enfants trisomiques ou autistes montrent qu'ils parviennent à toucher la tache sur leur visage, à condition d'avoir un âge mental minimum de 2 ans[69]. Enfin, on a vu, avec les animaux, que seuls les singes supérieurs, les chimpanzés et les orangs-outangs, arrivaient à toucher la tache, alors que les autres singes s'en montraient incapables, même après des milliers d'heures passées devant le miroir. Les premiers psychologues n'avaient donc pas tort de considérer les réactions devant le miroir comme un test de développement mental. Il semble bien, en particulier, qu'il y ait un seuil intellectuel minimum nécessaire pour toucher la tache sur soi.

Le miroir des autres

Autre constat d'importance : on a fondamentalement besoin des autres pour s'identifier. On peut d'abord constater, et ce pour tous les types d'images, que ce sont les autres, les personnes de l'entourage, que l'enfant identifie en premier, et très tôt, vers 6 ou 8 mois. Ils lui servent aussi, en quelque sorte, de "modèles" pour découvrir, vers 9 ou 10 mois, l'étrange lien de similitude qui unit les personnes et leurs images. La plupart des psychologues, et en particulier Henri Wallon, pensent que le nouveau-né ne différencie pas au départ ce qui vient de lui et des autres, que le moi et l'autre ne sont donc pas dissociés dans les tout premiers mois, et qu'ils se différencient progressivement, à travers le jeu des interactions. Le premier "miroir" de l'enfant, c'est d'abord sa mère ou les personnes qui l'entourent. Sans cette enveloppe sociale, le bébé parviendrait-il à s'identifier ? La réponse nous vient des animaux : de jeunes chimpanzés élevés en isolement social complet se montrent incapables, une fois confrontés au miroir, de toucher la tache ou d'avoir des comportements tournés vers eux, malgré des heures passées devant le miroir. Mais si, par la suite, on les intègre à un groupe, puis que l'on renouvelle le test de la tache après trois mois de cette expérience avec des compagnons, alors ils le réussissent ![70] On peut aussi citer le cas de Viki, une jeune chimpanzé élevée comme un bébé par un couple de chercheurs, à qui on demandait de trier en deux piles des photos d'animaux et des photos d'humains. On glissa un jour sa propre photo dans le tas : sans hésitation, elle la plaça sur la pile des humains[71]... La connaissance et la fréquentation des autres est donc une condition indispensable à la construction de l'image de soi. S'identifier, c'est d'abord se concevoir semblable aux autres, pour pouvoir aussi se considérer différent et unique.

IDENTIFICATION ET CONSCIENCE DE SOI

Conscience de soi et conscience des autres se construisent donc en même temps, et tous les psychologues qui s'intéressent au développement du *self-concept* s'accordent à dire que la fin de la deuxième année et surtout la période entre 2 et 3 ans marquent à cet égard un progrès tout à fait décisif[72]. En même temps que l'enfant construit son identité physique et commence à savoir "qui" il est, apparaissent d'autres signes du développement de la conscience de soi, montrant que l'enfant devient conscient de ses propres actions et de celles des autres. À partir de 2 ans, il peut commenter ce qu'il fait ou ce qu'il ressent, dire "Je joue", "J'ai peur". Il sait ce qu'il veut faire "tout seul", pleure s'il ne parvient pas à faire ce qu'il veut ; il est content et fier s'il réussit, furieux si on défait son jeu... Il peut aussi commenter les actions des autres, et prendre en compte leurs désirs et leurs émotions : il console quelqu'un qui pleure, apporte un objet perdu, tient compte des règles posées par les adultes. Dans le langage, l'usage des pronoms se consolide, avec le "je" et le "moi", le "tu" et le "toi". Les frontières des possessions se précisent, avec les nombreux "C'est à moi" et les "Pas toi !"[73]

Dans les échanges entre enfants, entre 2 et 3 ans, c'est la grande période de l'imitation réciproque, du plaisir et du besoin de faire la même chose en même temps, terrain privilégié où les rôles de chacun peuvent si facilement se confondre et se différencier, comme un miroir que l'on inverse à volonté [74]...
Prendre conscience de soi, c'est devenir une "personne" qui sait qui elle est, peut exprimer ce qu'elle ressent et ce qu'elle désire : extraordinaire travail de décentration qu'accomplit le jeune enfant au cours des trois premières années de sa vie. Il va devoir progressivement sortir de la symbiose initiale entre lui et les autres, différencier ce qui lui revient en propre, à travers ses expériences avec les objets et les personnes qui l'entourent, et pouvoir un jour se considérer du point de vue des autres.
Si prendre conscience de soi c'est ainsi, après s'être construit dans le miroir des autres, sortir de l'indivision, sortir du double, on comprend mieux alors quel intérêt il y a à observer l'enfant aux prises avec ses images, avec ses doubles visuels. Le reflet dans le miroir, la photo, l'image vidéo ou l'ombre sont des situations d'observation privilégiées, des révélateurs, qui nous montrent par quelles étapes et par quelles difficultés passe l'enfant pour construire son identité.

NOTES

(1) Pour en savoir plus sur le thème du double dans les sociétés primitives et la littérature, on peut se reporter aux ouvrages suivants :
– Otto Rank, *Don Juan et le double* (Petite Bibliothèque Payot, 1973).
– Jacques Goimard et Roland Stragliati, *Histoires de doubles* (Presses Pocket, 1977).
– A. Stocker, Le Double. *L'Homme à la rencontre de soi-même* (Éditions du Rhône, Genève, 1946).
– "La Notion de personne en Afrique noire", Colloques internationaux du CNRS (Éditions du CNRS, 1973).
– Jacques Corraze, *Image spéculaire du corps* (Privat, collection Rhadamanthe, 1980, p. 23-25).

(2) René Zazzo est né en 1910. Collaborateur d'Henri Wallon, il lui succède en 1950 comme directeur du laboratoire de psycho-biologie de l'enfant (CNRS et EPHE). Parallèlement à sa carrière de chercheur, il est aussi clinicien et dirige, à partir de 1940, le laboratoire de psychopathologie de l'hôpital Henri-Rousselle, jusqu'à sa retraite en 1980. Il fut aussi professeur, à l'Institut de psychologie de Paris, à l'Institut national d'orientation professionnelle, et à l'université de Paris X-Nanterre. Il est l'auteur de nombreux ouvrages sur l'intelligence, l'examen psychologique de l'enfant, les jumeaux (probablement son livre le plus connu : *Les Jumeaux, le couple et la personne*, PUF, 1986), l'attachement, la psychologie de l'enfant... À partir de 1972, son travail de recherche porte principalement sur les réactions de l'enfant à son image dans le miroir. Le sondage dont il est fait mention est évoqué par lui dans le chapitre "Conscience de soi et méthode des doubles perceptifs" (p. 202), de l'ouvrage dirigé par Pierre-Marie Baudonnière : *Étudier l'enfant de la naissance à 3 ans* (CNRS, 1985).

(3) M. Von Senden, *Space and Sight : The Perception of Space and Shape in the Congenitally Blind before and after Operation* (Glenco, Ill, Free Press, 1960).

(4) Le livre de Jacques Corraze, *Image spéculaire du corps* (Privat, collection Rhadamanthe, 1980), présente un choix très intéressant de textes sur le miroir, dont ceux de Paul Abély et Jacques Postel portant sur les troubles de la reconnaissance de soi dans les psychoses et les démences tardives.

(5) Ces observations sont tirées de la recherche de Geneviève Boulanger-Balleyguier, tout à fait pionnière vers 1960, puisqu'elle fut la première à étudier systématiquement, tous les mois, les réactions de nombreux enfants (une trentaine) devant un miroir manipulable, de 24 centimètre par 30. Cela reste encore à l'heure actuelle la seule recherche précise portant sur des tout-petits. On s'interroge sur le rôle de trois facteurs : la position du bébé, la nature du stimulus (comparaison des réactions de l'enfant à différents visages, ou objets) et la vue simultanée de deux visages. "Premières réactions devant le miroir", dans *Enfance* (1964, 1, p. 51- 67).

(6) Recherche de Jean-Luc Jézéquel, "L'Identification de sa photographie chez l'enfant" (thèse de troisième cycle en psychologie, université de Paris X-Nanterre, 1983, voir le chapitre sur la reconnaissance d'autrui, p. 94).

(7) Ces deux problèmes différents, posés par le miroir, ont été remarquablement analysés d'abord par Henri Wallon, puis par René Zazzo. Dans son livre, *Les Origines du caractère chez l'enfant* (PUF, 1934, 1976), Henri Wallon émet l'hypothèse de deux phases dans l'appropriation de l'image de soi (p. 228) : une première phase " d'extériorisation" de l'image, où l'enfant ayant identifié cette image la traiterait encore comme indépendante de lui, et une phase de "réduction" des deux perceptions l'une à l'autre, qui dénie toute réalité à l'image et la subordonne à la présence réelle de l'enfant (p. 230).
René Zazzo parle, lui, "d'objectivation" et "d'appropriation" de l'image ; voir l'article "Des enfants, des singes et des chiens

devant le miroir", dans *Revue de psychologie appliquée* (1979, 2, p. 235-246), et "Les Dialectiques originelles de l'identité", dans l'ouvrage dirigé par Pierre Tap, *Production et affirmation de l'identité* (Privat, 1980, p. 212-213).

(8) René Zazzo revient souvent dans ses articles sur la notion d'image. C'est dans "Miroirs, images, espaces", publié dans le très intéressant recueil de textes présenté par Pierre Mounoud et Annie Vinter, *La Reconnaissance de son image chez l'enfant et l'animal* (Delachaux et Niestlé, 1981), qu'il parle (p. 104) de "quasi-présence" à propos de l'image du miroir.

(9) Wilhelm Preyer, médecin et psychologue allemand, écrit en 1885, *L'Âme de l'enfant*, traduit en 1887 (Alcan), dans lequel il rassemble toutes les données alors disponibles sur le développement du "sentiment du moi".

(10) C'est pour participer au grand débat lancé par Hippolyte Taine sur l'intelligence que Charles Darwin (naturaliste anglais, célèbre pour ses travaux sur l'évolution des espèces) publie en 1877 les notes qu'il a prises sur le développement de son fils, quarante ans plus tôt "A Biographical Sketch of an Infant", dans *Mind* (1877, 7, p. 285-294). Les notations sur le miroir sont faites dans le paragraphe "Association of ideas, reason" (p. 289, 290 et 293).

(11) Dans son livre, *L'Imitation chez l'enfant* (PUF, 1926, 1968), Paul Guillaume rapporte les observations faites sur ses deux enfants. Il relate en particulier leurs réactions devant le miroir en les caractérisant comme "imitation de soi-même" (p. 165-168).

(12) Jean Piaget, dans *La Formation du symbole* (Delachaux et Niestlé, 1945), étudie en particulier, chez sa fille de 1 an, l'homologation qu'elle est capable d'opérer entre son visage et celui d'autrui, par imitation des mouvements de l'adulte vers le visage. Il fait alors quelques observations devant le miroir et rapproche la réaction observée, le redoublement du geste, des conduites imitatives (p. 58-59).

(13) La notion de "stade du miroir" apparaît pour la première fois chez Jacques Lacan, en 1936, dans une communication au congrès de Psychanalyse de Marienbad, et est reprise en 1938, dans la contribution à un ouvrage collectif dirigé par Henri Wallon, *La Vie mentale* (tome 8 de *L'Encyclopédie française*, p. 8-40-9 et 10). Ce thème est ensuite présent dans différents textes, de 1946 (communication aux Journées psychiatriques de Bonneval), de 1949 (communication au XVIe congrès de Psychanalyse), repris dans les *Écrits I* (Seuil, 1966, p. 94, 97 et 186). Le "stade du miroir" correspondrait au sevrage, vers la fin du sixième mois. L'enfant se reconnaît dans son image, ce qui se manifeste par "une intuition illuminative, à savoir, sur le fonds d'une inhibition attentive, révélation soudaine du comportement adapté (ici geste de référence à quelque partie du corps propre) ; puis ce gaspillage jubilatoire d'énergie qui signale objectivement le triomphe" (p. 8-40-10). Par la jubilation, l'enfant signale dans l'image du miroir la restauration de son unité perdue.

(14) À l'appui de ses affirmations, Jacques Lacan ne cite qu'une observation très ancienne, celle de James Baldwin (1897), référence que René Zazzo a recherchée en vain. En fait, Lacan ne s'intéressera pas (à l'inverse de Henri Wallon), aux faits directs d'observation de l'enfant devant le miroir, qui vont pourtant considérablement s'enrichir après 1950. Dans ses derniers écrits, il situera toutefois le stade du miroir de 6 à 18 mois, mais sans donner de justification à cet élargissement. Pour Jacques Lacan le "stade du miroir", théorie explicative de" la formation du je", ne se situe pas sur le même plan que l'observation réelle de l'enfant.

(15) L'analyse qui est faite ici de toutes ces premières notations concernant le miroir, est tirée de celle, très fouillée, que fait René Zazzo dans "La Genèse de la conscience de soi", communication publiée dans *Psychologie de la conscience de soi* (symposium de l'Association de psychologie scientifique de langue française, PUF, 1975, p. 145-188).

(16) – Charlotte Bühler, *The First Year of Life* (New York, John Day, 1929).
– R. Stutsman, *Mental Measurement of Preschool Children* (New York, 1931).

– Arnold Gesell, *An Atlas of Infant Behavior* (New Haven, Yale University Press, 1934).
– Arnold Gesell , H. Thompson, *Infant Behavior, Its Genesis and Growth* (New York, Mc Graw Hill, 1934).

(17) C'est à Henri Wallon que nous devons la première réflexion d'envergure sur les réactions de l'enfant devant le miroir. Il la développe dans deux importants articles : l'un, en 1931, sera repris dans la deuxième partie des *Origines du caractère* (PUF, 1976, chap. 3 et 4), l'autre s'intitule "Kinesthésie et image visuelle du corps propre chez l'enfant", dans *Bulletin de psychologie* (1954), réédité dans *Enfance* (1959, 3, p. 252-263).

(18) – René Zazzo, "Images du corps et conscience de soi : matériaux pour l'étude expérimentale de la conscience", dans *Enfance* (1948, 1, p. 29-43). À partir du "journal" tenu sur le développement de son fils, René Zazzo récapitule les réactions de celui- ci à trois types d'images de soi : spéculaire, photographique et cinématographique, de 3 à 33 mois, ainsi que les réactions aux images des personnes familières et l'apparition dans le langage des pronoms personnels. Cette observation est la première, sur la base d'un critère verbal, qui ébranle la conviction que l'enfant se reconnaît à 9 ou 12 mois.
– Odette Brunet, Irène Lézine, "Psychologie de la première enfance : une contribution du groupe des jeunes parents", dans *Enfance* (1949, 2-4, p. 355-363). Douze enfants ont été observés par leurs parents, de 0 à 8 mois, y compris devant le miroir.
– Irène Lézine, "Recherches sur les étapes de la prise de conscience de soi chez les jeunes jumeaux", dans *Enfance* (1951, 1, p. 35-49). Les comportements devant le miroir ne sont notés que jusqu'à 15 mois.
– J. C. Dixon , "Development of Self Recognition", dans *Journal of Genetic Psychology* (1957, 91, p. 251-256). Cinq enfants sont observés par leur mère, dont deux jumeaux, de 4 à 18 mois. On observe les réactions à l'image de soi, à celle de la mère, à celle d'un bonbon présenté derrière l'enfant. On compare les réactions devant le miroir et face à face avec un autre enfant, ou derrière une glace sans tain.
– Geneviève Boulanger-Balleyguier, "Les Étapes de la reconnaissance de soi devant le miroir", dans *Enfance* (1967, 1, p. 91-116). Première recherche longitudinale systématique, portant sur plus de 30 enfants, observés tous les mois, de l'âge de 2 mois à 2 ans, généralement dans leur famille, avec un miroir manipulable (24 par 30 centimètres). 34 comportements ont été observés face à l'image de soi, dont on suit l'évolution d'âge en âge, ainsi que les réactions face à l'image des autres. Cet article est également accessible dans le livre de Jacques Corraze, *Image spéculaire du corps* (Privat, collection Rhadamante, 1980, p. 139-186).

(19) Nous donnons seulement ici le nom de l'auteur et la date de chaque recherche, ainsi que le nombre et l'âge des enfants observés (références dans la bibliographie).
– Beulah Amsterdam, 1972, 88 enfants de 3 à 24 mois.
– Jane R. Dickie et William H. Strader, 1974, 18 enfants de 6 à 18 mois.
– René Zazzo, 1973, 1975, 1977, 36 jumeaux de 10 à 33 mois.
– Michael Lewis et Jeanne Brooks-Gunn, 1975, 1979, 96 enfants de 9 à 24 mois.
– Alan H. Schulman et Cheryl Kaplowitz, 1977, 72 enfants de 1 à 24 mois.
– Bennet I. Bertenthal et Kurt W. Fisher, 1978, 48 enfants de 6 à 24 mois.
– René Zazzo, 1979, 104 enfants de 11 à 44 mois.
– René Zazzo, 1980, 78 jumeaux de 7 à 39 mois.
– Ann E. Bigelow, 1981, 11 enfants de 18 à 28 mois.
– Anne-Marie Fontaine, 1982, 60 enfants de 9 à 36 mois.

(20) Geneviève Boulanger-Balleyguier, "Les Étapes de la reconnaissance de soi devant le miroir", dans *Enfance* (1967, 1, p. 95 à 98).

(21) Le pionnier de ce type de comparaison est J. C. Dixon (1957), qui utilise un miroir sans tain avec un couple de jumeaux : l'un voit son frère comme à travers une vitre, l'autre se voit lui-même. Le système du miroir coulissant latéralement qui devient une vitre a été utilisé par René Zazzo (1973, 1975a et 1975b, 1977, 1980) avec de nombreux couples de jumeaux, et par son élève, Corinne Dague (1980) avec 37 enfants non jumeaux ("Les Réactions du macaque rhésus et de l'enfant humain devant le miroir", thèse de troisième cycle, université de Paris X-Nanterre). Cette comparaison des réactions des enfants face à leur reflet dans le miroir et à un autre enfant derrière une vitre est illustrée dans deux films de René Zazzo et Anne-Marie Fontaine : *À travers le miroir* (1973) et *L'Image qui devient un reflet* (1980).

(22) C'est également à Corinne Dague (1980) que l'on doit la comparaison vitre-miroir chez le macaque ; elle étudie ainsi les réactions de quatre jeunes macaques adultes. Une autre élève de René Zazzo, Ghislaine de Coulomme-Labarthe (1982) observe avec un dispositif similaire 59 chiens bergers allemands, âgés de 1 mois à 11 ans ("Les Réactions du chien à son image spéculaire", thèse de troisième cycle, université de Paris X-Nanterre). Ces recherches sont illustrées dans le film de René Zazzo et Anne-Marie Fontaine : *Un autre pas comme les autres* (1981).

(23) Geneviève Boulanger-Balleyguier, "Comparaison entre l'évolution des réactions du chat et de l'enfant devant le miroir", dans *Journal de psychologie normale et pathologique* (1968, 1, p. 73-84). Cinq chatons sont observés devant le miroir, une fois par semaine, de 3 à 16 semaines.

(24) Le premier article de Gordon G. Gallup sur le miroir (1968) est tout à fait accessible en français, grâce au recueil de textes publié en 1981 par Pierre Mounoud et Annie Vinter : *La Reconnaissance de son image chez l'enfant et l'animal* (Delachaux et Niestlé, collection Textes de base en psychologie, 1981). Dans ce texte, "L'image spéculaire comme stimulation" (p. 47-75), Gordon G. Gallup fait une synthèse de toutes les connaissances sur les réactions des animaux devant le miroir. Les autres textes de Gordon G. Gallup, en particulier ceux concernant ses observations sur les chimpanzés (1970, 1975, 1977) sont en anglais.

(25) Le retournement vers la personne qui tient l'enfant dans ses bras devant le miroir, ou se trouve à côté de lui, est noté dans les toutes premières observations, qui se déroulaient à la maison :
– Geneviève Boulanger-Balleyguier, "Les Étapes de la reconnaissance de soi devant le miroir", dans *Enfance* (1967 p. 98-99).
– Arnold Gesell et L. B. Bates, "The Infant's Reaction to his Mirror Image, dans *Journal of Genetic Psychology* (1947, 70, p. 141-154).
– René Zazzo "Images du corps et conscience de soi : matériaux pour l'étude expérimentale de la conscience", dans *Enfance* (1948, p. 30 et 40).

(26) Geneviève Boulanger-Balleyguier, "Les Étapes de la reconnaissance de soi", dans *Enfance* (1967 p. 98-99 et 102-103).

(27) Arnold Gesell et L. H. Bates, "The Infant's Reaction to his Mirror Image", dans *Journal of Genetic Psychology* (1947, 70, p. 141-154). Voir aussi Geneviève Boulanger-Balleyguier, "Les Étapes de la reconnaissance de soi", dans *Enfance* (1967, p. 98-99).

(28) James R. Anderson, "Monkeys with Mirrors : Some Questions for Primate Psychology", dans *International Journal of Primatology* (1984, vol. 5, 1, p. 81-98). Voir également W. L. Brown, A. A. McDowell et E. M. Robinson, "Discrimination Learning of Mirrored Cues by Rhesus Monkeys", dans *Journal of Genetic Psychology* (1965, 106, p. 123-128).

(29) Gordon. G. Gallup, "Chimpanzees : Self Recognition", dans *Science* (1970, 167, p. 86-87). Quatre chimpanzés pré-adolescents sont observés pendant plusieurs jours, un miroir en pied étant placé devant la cage. Gordon G. Gallup parle aussi de cette expérience dans l'article traduit en français (voir note 24, p. 64-65).
J. Lethmate et G. Dücker, "Untersuchungen Zum Selbsterkennen Im Spiegel Bei Orang-Outans Und Einigen Anderen Affernarten", dans *Zeitschrift für Tierpsychologie* (1973, 33, p. 248-269). Pour confirmer les observations de Gordon G. Gallup sur les chimpanzés, et éventuellement les étendre à d'autres singes, un miroir est placé devant la cage de six chimpanzés, quatre gibbons, deux macaques, trois mandrills, deux capucins, un babouin et deux singes-araignées.

(30) – 100% des enfants vus par Beulah Amsterdam "Mirror Self Image Before Age Two", dans *Developmental Psychobiology* (1972, 5, p. 297-305).

– 62% des sujets de René Zazzo "Image spéculaire et conscience de soi", dans G. Oléron, *Psychologie expérimentale et comparée. Hommage à Paul Fraisse.* (PUF, 1977b, p. 332)
– 63% des sujets de Anne-Marie Fontaine "L'Ombre et le reflet, les réactions du jeune enfant (de 9 à 36 mois) à son ombre et à son image spéculaire" (thèse de troisième cycle, université de Paris X-Nanterre, 1982, p. 123).

(31) René Zazzo revient dans presque tous ses articles sur la conduite d'évitement (1977b, p. 333-334 ; 1981, p. 106-108 ; 1985, p. 207-208). La recherche de Corinne Dague, comparant les réactions des enfants devant le miroir et devant d'autres enfants, connus et inconnus vus derrière une vitre, est très intéressante pour éliminer l'hypothèse de la réaction à l'étranger, "Les Réactions du macaque rhésus et de l'enfant humain devant le miroir" (thèse de troisième cycle, université de Paris X-Nanterre, 1980, p. 245-248).

(32) Henri Wallon, *Les Origines du caractère* (1976, p. 219-221) ; Corinne Dague, "Les Réactions du macaque rhésus et de l'enfant humain devant le miroir" (1980, p. 152-153) ; Ghislaine de Coulomme-Labarthe "Les Réactions du chien à son image spéculaire" (1982).

(33) René Zazzo "Miroirs, images, espaces", dans *La Reconnaissance de son image chez l'enfant et l'animal* (Delachaux et Niestlé, collection Textes de base en psychologie, 1981, p. 107).

(34) Les recherches qui utilisent des miroirs non fixés sur une paroi sont celles de Geneviève Boulanger-Balleyguier (1967), de Beulah Amsterdam (1972), de René Zazzo (1979, 1980) et d'Anne-Marie Fontaine (1982).

(35) Gordon G. Gallup, "Chimpanzees : Self Recognition", dans *Science* (1970, p. 86-87).

(36) Beulah Amsterdam, "Mirror Self Image Before Age Two", dans *Developmental Psychobiology* (1972, 5, p. 301).

(37) Le test de la tache sur le visage est réussi par :
– 75% des enfants entre 21 et 24 mois (Michael Lewis, 1979) ;
– 67% des enfants du même âge (Beulah Amsterdam, 1972) ;
– 52% des enfants de 19 à 24 mois (Allan H. Schulman et Cheryl Kaplowitz, 1977) ;
– 63% des enfants de 18 à 24 mois (René Zazzo, 1977b).

(38) La plupart des recherches cessent leurs observations à 24 mois, alors que la réussite au test de la tache n'est pas encore atteinte par tous les enfants. Seules les observations de René Zazzo et de Anne-Marie Fontaine, allant jusqu'à 36 mois, permettent de situer l'âge de généralisation de la réussite à 30 mois.

(39) – D. H. Ledbetter et J. A. Basen, "Failure to Demonstrate Self Recognition in Gorillas", dans *American Journal of Primatology* (1982, 2, p. 307-310).
– S. D. Suarez et Gordon G. Gallup "Self Recognition in Chimpanzees and Orangutans, but not in Gorillas", dans *Journal of Human Development* (1981, 10, p. 53-55).
– J. Lethmate et G. Dücker, "Untersuchungen Zum Selbsterkennen Im Spiegel Bei Orang-Outans Und Einigen Anderen Affernarten", dans *Zeitschrift für Tierpsychologie* (1973, 33, p. 248-269).

(40) C'est celle de Geneviève Boulanger-Balleyguier "Les Étapes de la reconnaissance de soi devant le miroir", dans *Enfance* (1967, p. 104-105) : avant 17 ou 18 mois les enfants ne montrent rien ; à 18 mois, quelques enfants montrent le miroir (15%) ; à 22 mois, quelques uns se montrent eux-mêmes (10%), ou le miroir (10%). À 24 mois, 10% des enfants se montrent, et 30% montrent le miroir. Le geste de montrer est donc rare, et reste ambigu.

(41) René Zazzo, "Miroirs, images, espaces", dans *La Reconnaissance de son image chez l'enfant et l'animal* (Delachaux et Niestlé, collection Textes de base en psychologie, 1981, p. 96-106).

(42) René Zazzo (1973, 1975, 1977b). Cette recherche est également illustrée dans les deux films de René Zazzo et Anne-Marie Fontaine : *À travers le miroir* (1973) et *L'Image qui devient un reflet* (1980).

(43) René Zazzo, "Les Dialectiques originelles de l'identité", dans *Production et affirmation de l'identité* (Privat, 1980, p. 215).

(44) Jean-Luc Jézéquel, "Self Recognition in Early Childhood : a Concept Revisited through Knowledge of the Reflective Properties of the Mirror", communication affichée présentée à The Annual Conference of the British Psychological Society (1987).

(45) La recherche américaine est celle de Bennet I. Bertenthal et Kurt W. Fischer, "The Development of Self Recognition in the Infant", dans *Developmental Psychology* (1978, 14, p. 446-450). Ce texte est accessible en français grâce au recueilpublié par Pierre Mounoud et Annie Vinter, *La Reconnaissance de son image chez l'enfant et l'animal* (Delachaux et Niestlé, collection Textes de base en psychologie, 1981, p. 155-75).
La recherche canadienne est celle de Thérèse Gouin-Decarie, Thérèse Pouliot et Diane Poulin-Dubois, "Image spéculaire et genèse de la reconnaissance de soi : une analyse hiérarchique", dans *Enfance* (1983, 1-2, p. 99-115).

(46) Bennet I. Bertenthal et Kurt W. Fischer utilisent deux dispositifs pour étudier le retournement vers un objet. Le premier est un gilet spécial qu'on met à l'enfant, et muni dans le dos d'une tige maintenant un chapeau suspendu à 15 centimètres au-dessus de sa tête. L'enfant ne sait pas qu'il porte un gilet truqué, il doit donc découvrir le chapeau au-dessus de lui. Le second dispositif, proposé à l'enfant juste après le premier, est une poupée qui descend du plafond (à une distance de l'enfant non précisée). Les auteurs émettent l'hypothèse que les réussites vont intervenir dans l'ordre suivant : chapeau/poupée/tache, et leurs hypothèses se vérifient, avec les âges moyens suivants : 10 mois, 18 mois et 24 mois. Le retournement, concluent-ils, est donc observé plus tôt que le geste vers la tache.
Dans la recherche de Thérèse Gouin-Decarie, l'enfant a cinq séquences successives : la tache sur la joue, un objet qui descend du plafond à 30 centimètres derrière lui, puis à 3 mètres derrière, la mère qui sort de derrière un paravent situé à 30 centimètres de l'enfant, puis à 3 mètres de lui. À partir de 9 ou 10 mois, les enfants réussissent massivement à toutes les épreuves de retournement, malgré les distances différentes. Ce nivellement de résultats ne peut manquer de susciter des interrogations sur l'effet de la répétition des situations.

(47) Béatrice Priel et Scania de Schonen, "Self Recognition : A Study of a Population without Mirrors", dans *Journal of Experimental Child Psychology* (1986, 41, p. 237-250).

(48) Anne-Marie Fontaine, "L'Ombre et le reflet, les réactions du jeune enfant (de 9 à 36 mois) à son ombre et à son image spéculaire" (thèse de troisième cycle, université de Paris X-Nanterre, 1982, résumé dans *Enfance*, 1983, 3, p. 297-303).

(49) Pour vérifier que la situation "plume sur la tête" était bien équivalente à la situation "tache sur le visage", une observation complémentaire a été effectuée avec 31 enfants de 18 à 32 mois, qui ne participaient pas à la recherche sur l'ombre. Ils passent les deux tests devant le miroir : hormis deux enfants, tous les autres touchent la plume comme la tache. Les réussites s'observent à partir de 21 mois, et se généralisent à 27 mois. La seule différence tient à la précision du geste, plus difficile pour trouver la plume que la tache

(50) Pour l'expérience de l'ombre au sol, menée quelques jours après celle de l'ombre verticale, je n'avais pas refait le test de la plume, de peur d'un effet de répétition. Le test de la plume a été effectué avec un autre groupe de 35 enfants, âgés de 20 à 38 mois.

(51) Pour l'étude des réactions de l'enfant à l'image photographique, on dispose de deux études américaines, deux françaises et une allemande :
– René Zazzo, "Images du corps et conscience de soi : matériaux pour l'étude expérimentale de la conscience", dans *Enfance* (1948, 1, p. 29-43).
– Michael lewis et Jeanne Brooks-Gunn, *Social Cognition and the Acquisition of the Self* (New York et London, Plenum Press, 1979). Pour un résumé en français, voir le recueil publié par Pierre Mounoud et Annie Vinter : *La Reconnaissance de son image chez l'enfant et l'animal* (Delachaux et Niestlé, collection Textes de base en psychologie, 1981, p. 115-119, et 145-146).
– Ann E. Bigelow, "The Correspondance between Self and Image Movement as a Cue to Self Recognition for Young Children", dans *Journal of Genetic Psychology*

(1981, 139, p. 11-27).
– Jean-Luc Jézéquel, "L'Identification de sa photographie chez l'enfant" (thèse de troisième cycle, université de Paris X-Nanterre, 1983).
– Merry Bullock et Paul Lütkenhaus, "Who am I ? Self Understanding in Toddlers", dans Merrill-Palmer Quaterly (1990, vol. 36, 2, p. 217-238).

(52) Celle de Jean-Luc Jézéquel.

(53) R. S. Woodworth et H. Schlosberg, *Experimental Psychology* (New York : Holt, 1938, 1954). Voir aussi les références données par Jacques Corraze, dans son analyse sur la psychologie de l'image spéculaire du corps, *Image spéculaire du corps* (Privat, collection Rhadamante, 1980, p. 19-21).

(54) Maria E. Barrera et Daphne Maurer, "Recognition of Mother's Photographed Face by the Three-Month-Old Infant", dans *Child Development* (1981, 52, 714-716).

(55) Jean-Luc Jézéquel, "L'Identification de sa photographie chez l'enfant" (1983, p. 96).

(56) Cette expérience est due à E. Z. Tronick, *Social Interchange in Infancy : Affect, Cognition and Communication* (Baltimore University Park Press, 1982).

(57) Recherches présentant les deux types d'image aux mêmes enfants : celles de Jean-Luc Jézéquel, d' Ann E. Bigelow, et de Merry Bullock et Paul Lütkenhaus.

(58) – Beulah Amsterdam et Lawrence M. Greenberg, "Self Conscious Behavior of Infants : a Videotape Study", dans *Developmental Psychobiology* (1977, 10, p. 1-6).
– Michael Lewis et Jeanne Brooks-Gunn, *Social Cognition and the Acquisition of the Self* (New York and London, Plenum Press, 1979). Pour un résumé en français, voir le recueil publié par Pierre Mounoud et Annie Vinter, *La Reconnaissance de son image chez l'enfant et l'animal* (Delachaux et Niestlé, collection Textes de base en psychologie, 1981, p. 126-131, et 149-150).
– Ann E. Bigelow, "The Correspondance between Self and Image Movement as a Cue to Self Recognition for Young Children", dans *Journal of Genetic Psychology* (1981, 139, 11-27).
– Daniel B. Johnson, "Self Recognition in Infants", dans *Infant Behavior and Development* (1983, 6, p. 211-222).

(59) Michael Lewis.

(60) R. Zazzo, "Image spéculaire et anti-spéculaire. Expérience sur la construction de l'image de soi", dans *Enfance* (1977, 2-4, p. 223- 230). Voir aussi le film de René Zazzo et Anne-Marie Fontaine, *C'est moi quand même* (1976).

(61) René Zazzo, 1948.

(62) Hanus Papouseck et Mechthild Papouseck, "Mirror Image and Self Recognition in Young Human Infants : A New Method of Experimental Analysis", dans *Developmental Psychobiology* (1974, 7, p. 149-157).

(63) Lorraine E. Bahrick et John S. Watson, "Detection of Intermodal Proprioceptive Visual Contingency as a Potential Basis of Self Perception in Infancy", dans *Developmental Psychology* (1985, vol. 21, 6, p. 963-973).

(64) Grace B. Martin et Russell D. Clark III, "Distress Crying in Neonates : Species and Peer Specificity", dans *Developmental Psychology* (1982, vol. 18, 1, p. 3-9).

(65) Beulah Amsterdam et Lawrence M. Greenberg, Michael Lewis et Jeanne Brooks-Gunn, et Daniel B. Johnson.

(66) Les deux seules études ayant comparé les réactions des mêmes enfants à trois différents types d'image de soi (miroir, photo, vidéo) sont celles de René Zazzo sur son fils (1948) et celle de Ann E. Bigelow (1981) portant sur onze enfants suivis de 18 à 28 mois. Dans cette recherche, l'identification se fait dans l'ordre suivant : miroir vers 20 mois, vidéo en direct vers 22 mois, vidéo en différé vers 24 mois, photo vers 25 mois.

(67) Certains auteurs (Jacques Corraze, Ann E. Bigelow) se demandent si le premier niveau de l'identification de soi (toucher la tache) requiert vraiment une représentation mentale de soi, s'il ne serait pas du niveau de l'intelligence sensori-motrice. Pour Ann E. Bigelow, par contre, l'identification des photos et de la vidéo en différé requiert la mise en place de cette image mentale de soi.

(68) – James R. Anderson, "The Development of Self Recognition : A Review", dans *Developmental Psychobiology* (1984, 17, p. 35-49).
– Jeanne Brooks-Gunn et Michael Lewis, "The Development of Early Visual Self Recognition", dans *Developmental Review* (1984, 4, p. 215-239).
– Béatrice Priel et Scania de Schonen, "Self Recognition : A Study of a Population without Mirrors", dans *Journal of Experimental Child Psychology* (1986, 41, p. 237-250).

(69) Linda Mans, Dante Cicchetti et L. Alan Sroufe, "Mirror Reactions of Down's Syndrome Infants and Toddlers : Cognitive Underpinnings of Self Recognition", dans *Child Development* (1978, 49, p. 1247-1250). Le test de la tache a été pratiqué dans cette étude, avec 55 enfants trisomiques âgés de 15 à 48 mois, ils touchent majoritairement la tache (89%) entre 3 et 4 ans.
– Suzanne D. Hill et Cynthia Tomlin, "Self Recognition in Retarded Children", dans *Child Development* (1981, 52, 145-150).
– Geraldine Dawson et F. Celeste McKissick, "Self Recognition in Autistic Children", dans *Journal of Autism and Developmental Disorders* (1984, vol. 14, 4, p. 383-394).

(70) Suzanne D. Hill, R. A. Bundy, Gordon G. Gallup, et M. K. McClure, "Responsiveness of Young Nursery Reared Chimpanzees to Mirrors", dans *Proceedings of the Louisiana Academy of Sciences* (1970, 33, p. 77-82).
Gordon G. Gallup, M. K. McClure, S. D. Hill et R. A. Bundy, "Capacity for Self Recognition in Differentially Reared Chimpanzees", dans *The Psychological Record* (1971, 21, p. 69-74).

(71) K. J. Hayes et C. H. Nissen, "Higher Mental Functions in a Home Reared Chimpanzee", dans *Behavior of Non Human Primates* (A. M. Schrier et F. Stollnitz, vol. 3, New York, Academic Press, 1971).

(72) – William Damon et Daniel Hart, "The Development of Self Understanding from Infancy through Adolescence", dans *Child Development* (1982, 53, p. 841-864).
– Curtis A. Samuels, "Bases for the Infant's Developing Self Awareness", dans *Human Development* (1986, 29, p. 36-48).
– Marie Claude Hurtig, Monique Pinol-Douriez et Annie Colas, "La Construction de l'identité dans les trois premières années : un processus de transformation affecto-cognitive des interactions soi-objet", dans *Psychologie française* (1990, 35-1, p. 25-33).
– Jacqueline Nadel et Hélène Leveau, "Self Concept in Early Development", dans XIe International Meeting of ISSBD, Mineapolis, 1991.

(73) Un certain nombre de recherches récentes étudient les relations entre identification de l'image de soi et développement de la conscience de soi et des autres :
– Daniel B. Johnson, "Self Recognition in Infants", dans *Infant Behavior and Development* (1983, 6, p. 211-222).
– Laura L. Levine, "Mine : Self Definition in Two-Year-Old Boys", dans *Developmental Psychology* (1983, vol. 19, 4, p. 544-549).
– D. Bischof-Köhler, "Über Den Zusammenhang Von Empathie Und Der Fähigkeit, Sich Im Spiegel Zu Erkennen" ("The Relationship between Empathy and Mirror Self Recognition"), dans *Schweizerische Zeitschrift für Psychologie* (1988, 47, p. 147-159).
– Michael Lewis, Margaret Wolan Sullivan, Catherine Stranger et Maya Weiss, "Self Development and Self Conscious Emotions", dans *Child Development* (1989, 60, p. 146-156).
– Merry Bullock et Paul Lütkenhaus, "Who am I ? Self Understanding in Toddlers", dans *Merrill-Palmer Quaterly* (1990, vol. 36, 2, p. 217-238).

(74) – Jacqueline Nadel, *Imitation et communication entre jeunes enfants* (PUF, 1986).
– Jens Asendorpf et Pierre-Marie Baudonnière, "Synchronic Imitation among Peers and Mirror Self Recognition : the Emergence of Other Awareness", sous presse, dans *Developmental Psychology*.

BIBLIOGRAPHIE

Anderson, J. R., "Monkeys with Mirrors : Some Questions for Primate Psychology", *in International Journal of Primatology*, 1984, vol. 5, 1, p. 81-98.

Anderson, J. R., "The Development of Self Recognition : A Review", *in Developmental Psychobiology*, 1984, 17, p. 35-49.

Amsterdam, B., "Mirror Self Image before Age Two", *in Developmental Psychobiology*, 1972, 5, 2976 305.

Amsterdam, B. & Greenberg, L. M., "Self Conscious Behavior of Infants : A Videotape Study", *in Developmental Psychobiology*, 1977, 10, 1-6.

Asendorpf, J. & Baudonnière, P. M., "Synchronic Imitation Among Peers and Mirror Self Recognition : the Emergence of Other Awareness", sous presse *in Developmental Psychology*.

Bahrick, L. E. & Watson, J. S., "Detection of Intermodal Proprioceptive-Visual Contingency as a Potential Basis of Self Perception in Infancy", *in Developmental Psychology*, 1985, vol. 21, 6, p. 963-973.

Barrera, M. E. & Maurer, D., "Recognition of Mother's Photographed Face by the Three-Month-Old Infant", *in Child Development*, 1981, 52, 714-716.

Bertenthal, B. & Fisher, K., "The Development of Self Recognition in Infants", *in Developmental Psychology*, 1978, 14, 44-50.

Bigelow, A. E., "The Correspondance Between Self and Image Movement as a Cue to Self Recognition for Young Children", *in The Journal of Genetic Psychology*, 1981, 139, 11-27.

Bischof-Köhler, D., "Über den Zusammenhang von Empathie und der Fähigkeit, sich im Spiegel zu erkennen" ("The Relationship between Empathy and Mirror Self Recognition"), *in Schweizerische Zeitschrift für Psychologie*, 1988, 47, p. 147-159

Boulanger-Balleyguier, G., "Premières réactions devant le miroir", *in Enfance*, 1964, 1, 51-67.

Boulanger-Balleyguier, G., "Les étapes de la reconnaissance de soi devant le miroir", *in Enfance*, 1967, 1, 91-116.

Boulanger-Balleyguier, G., "Comparaison entre l'évolution du chat et de l'enfant devant le miroir", *in Journal de psychologie normale et pathologique*, 1968, 1, 73-84.

Brooks-Gunn, J. & Lewis, M., "The Development of Early Visual Self Recognition", *in Developmental Review*, 1984, 4, p. 215-239.

Brown, W. L., McDowell, A. A. & Robinson, E. M., "Discrimination Learning of Mirrored Cues by Rhesus Monkeys", *in Journal of Genetic Psychology*, 1965, 106, p. 123-128.

Brunet, O. & Lezine, I., "Psychologie de la première enfance : une contribution du groupe des jeunes parents", *in Enfance*, 1949, 2-4, 355-363.

Bühler, C., "The First Year of Life", New York, John Day, 1929.

Bullock, M. & Lütkenhaus, P., "Who am I ? Self Understanding in Toddlers", *in Merrill-Palmer Quaterly*, 1990, vol. 36, 2, p. 217-238.

Corraze, J., *Image spéculaire du corps*, choix de textes, Privat, collection Rhadamanthe, 1980.

Coulomme-Labarthe (de), G., "Les Réactions du chien à son image spéculaire : contribution à l'interprétation du malaise spéculaire observé chez l'enfant humain", thèse de doctorat de 3e cycle, université de Paris X-Nanterre, 1982.

Dague, C., "Les Réactions du macaque rhésus et de l'enfant humain devant le miroir", thèse de doctorat de 3e cycle, université de Paris X-Nanterre, 1980.

Damon, W. & Hart, D., "The Development of Self Understanding from Infancy through Adolescence", *in Child Development*, 1982, 53, p. 841-864.

Darwin, C., "A biographical sketch of an infant", *in Mind*, 1877, 7, 285-294.

Dawson, G., & McKissick, F.C., "Self Recognition in Autistic Children", *in Journal of Autism and Developmental Disorders*, 1984, vol. 14, 4, p. 383-394.

Dickie, J. C. & Strader, W. H., "Development of Mirror-Image Responses in Infancy", *in The Journal of Psychology*, 1974, 66, 333-337.

Dixon, J. C., "Development of Self Recognition", *in Journal of Genetic Psychology*, 1957, 91, 251-256.

Fontaine, A. M., "L'Ombre et le reflet, les réactions du jeune enfant (de 9 à 36 mois) à son ombre et à son image spéculaire", thèse de 3e cycle, université de Paris X-Nanterre, 1982.

Fontaine A. M., "L'Ombre et le reflet, les réactions du jeune enfant (de 9 à 36 mois) à son ombre et à son image spéculaire", *in Enfance*, 1983, 3, p. 297-303.

Gallup, G. G., "Mirror-Image Stimulation", *in Psychological Bulletin*, 1968, 70, 782-793.

Gallup, G. G., "Chimpanzees : Self Recognition", *in Science*, 1970, 167, 86-87.

Gallup, G. G. & McClure, M. K., "Preference for Mirror-Image Stimulation in Differentially Reared Rhesus Monkeys", *in Journal of comparative and Physiological Psychology*, 1971, 75, 403-407.

Gallup, G. G., McCLure, M. K., Hill, S. D., & Bundy, R., "Capacity for Self Recognition in Differentially Reared Chimpanzees", *in Psychological Record*, 1971, 21, 69-74.

Gallup, G. G., "Absence of Self Recognition in a Monkey (Macaca Fascicularis) Following Prolonges Exposure to a Mirror", *in Developmental Psychobiology*, 1977, 10, 2816 284.

Gallup, G. G., "Self Recognition in Chimpanzees an Man : a Developmental and Comparative Perspective", *in* M. Lewis & L. Rosenblum (Eds), *The child and its Family : the Genesis of Behavior* (vol. 2), New York, Plenum, 1979.

Gesell, A., "An Atlas of Infant Behavior", New Haven, Yale University Press, 1934.

Gesell , A. & Thompson, H., *Infant Behavior, Its Genesis and Growth*, New York, Mc Graw Hill, 1934.

Gesell, A. & Ames, L. B., "The Infant's Reaction to his Mirror-Image", *in Journal of Genetic Psychology*, 1947, 70, 141-154.

Goimard, J. & Stragliati, R., *Histoires de doubles*, Presses Pocket, 1977.

Gouin-Decarie, T., Pouliot, T. & Poulin-Dubois, D., "Image spéculaire et genèse de la reconnaissance de soi : une analyse hiérarchique", *in Enfance*, 1983, 1-2, p. 99-115.

Guillaume, P., *L'Imitation chez l'enfant*, Alcan, 1926, 2e éd., PUF, 1968.

Hall, K. R., "Behaviour of Monkeys Towards Mirror-Images", *in Nature*, 1962, 196, N°4861, 1258-1261.

Hayes, K. J. & Nissen, C. H., "Higher Mental Functions in a Home Reared Chimpanzee", *in* A.M. Schrier & F.Stollnitz (Eds), *Behavior of non Human Primates* (vol. 3), New York, Academic Press, 1971.

Hill, S. D. & Tomlin, C., "Self Recognition in Retarded Children", *in Child Development*, 1981, 52, 145-150.

Hill, S. D., Bundy, R. A., Gallup, G. G. & McClure, M. K., "Responsiveness of Young Nursery Reared Chimpanzees to Mirrors", *in Proceedings of the Louisiana Academy of Sciences*, 1970, 33, p. 77-82.

Hurtig, M. C., Pinol-douriez, M. & Colas, A., "La Construction de l'identité dans les trois premières années : un processus de transformation affecto-cognitive des interactions soi-objet", dans *Psychologie française*, 1990, 35-1, 25-33.

Jezequel, J. L., "L'Identification de sa photographie chez l'enfant", thèse de 3e cycle en psychologie, sous la direction de R. Zazzo, université de Paris X-Nanterre, 1983.

Jézéquel, J. L., "Self Recognition in Early Childhood : a Concept Revisited Through Knowledge of the Reflective Properties of the Mirror", communication affichée présentée à The Annual Conference of the British Psychological Society, 1987.

Johnson, D. B., "Self Recognition in Infants", *in Infant Behavior and Development*, 1983, 6, p. 211-22

Lacan, J., "Le Complexe, facteur concret de la psychologie familiale", *in Encyclopédie française*, VIII (La vie mentale), Larousse, 1938.

Lacan, J., "Le stade du miroir comme formateur de la fonction du je", (1949), *in Écrits I*, Seuil, 1966.

Ledbetter, D. H. & Basen, J. A., "Failure to Demonstrate Self Recognition in Gorillas", *in American Journal of Primatology*, 1982, 2, p. 307-310.

Lethmate, J. & Dücker, G., "Experiments on Self Recognition in a Mirror in Orangutans, Chimpanzees, Gibbons, and Several Monkey Species", *in Zeitschrift für Tierpsychologie*, 1973, 33, 248-269.

Levine, L. E., "Mine : Self Definition in Two-Year-Old Boys", *in Developmental Psychology*, 1983, vol 19, 4, p. 544-549.

Lewis, M. & Brooks-Gunn, J., "Social Cognition and the Acquisition of the Self", New York, and London, Plenum Press, Wiley, 1979.

Lewis, M., Wolan Sullivan, M., Stranger, C. & Weiss, M., "Self Development and Self Conscious Emotions", *in Child Development*, 1989, 60, p. 146-156.

Lezine, I., "Recherches sur les étapes de la prise de conscience de soi chez les jeunes jumeaux", *in Enfance*, 1951,4, 35-49.

Mans, L., Cicchetti, D. & Sroufe, L. A., "Mirror Reactions of Down's Sydrome Infants and Toddlers : a Cognitive Underpinning of Self Recognition", *in Child Development*, 1978, 49, 1247-1250.

Martin, G. B. & Clark III, R. D., "Distress Crying in Neonates : Species and Peer Specificity", *in Developmental Psychology*, 1982, vol. 18, 1, p. 3-9.

Mounoud, P. & Vinter, A., *La Reconnaissance de son image chez l'enfant et l'animal*, Neuchâtel et Paris, Delachaux et Niestlé, 1981.

Nadel, J., *Imitation et communication entre jeunes enfants*, Paris, PUF, 1986.

Nadel, J. & Leveau, H., "Self Concept in Early Development", *in XIe International Meeting of ISSBD*, Minneapolis, 1991.

Notion de personne en Afrique Noire (La), Colloques Internationaux du CNRS. éd. du CNRS, Paris, 1973.

Papouseck, H. & Papouseck, M., "Mirror-Image and Self Recognition in Young Human Infants : A New Method of Experimental Analysis", *in Developmental Psychobiology*, 1974, 7, 149-157.

Piaget, J., *La Formation du symbole chez l'enfant*, Neuchâtel, Delachaux et Niestlé, 1945.

Preyer, W., *L'Âme de l'enfant*, Paris, Alcan, 1887.

Priel, B. & Schonen, S. (de), "Self Recognition : A Study of a Population Without Mirrors", *in Journal of Experimental Child Psychology*, 1986, 41, p. 237-250.

Rank, O., *Don Juan et le double*, 1e éd. Denoël 1932, Petite bibliothèque Payot, 1973.

Samuels, C. A., "Bases for the Infant's Developing Self Awareness", *in Human Development*, 1986, 29, p. 36-48.

Schulman, A. H. & Kaplowitz, C., "Mirror-Image Response During the First Two Years of Life", *in Developmental Psychobiology*, 1977, 10, 133-142.

Stocker, A., *Le Double. L'homme à la rencontre de soi-même*, Genève, éd du Rhône, 1946.

Stutsman, R., *Mental Measurement of Preschool Children*, Yonkers, World, 1931.

Suarez, S. D. & Galupp, G. G., "Self Recognition in Chimpanzees and Orangutans, but not in Gorillas", *in Journal of Human Development*, 1981, 10, p. 53-55.

Tronick, E. Z., *Social Interchange in Infancy : Affect, Cognition and*

Communication, Baltimore University Park Press, 1982.

Von Senden, M., *Space and Sight : The Perception of Space and Shape in the Congenitally Blind Before and After Operation*, Glenco, Ill : Free Press, 1960.

Wallon, H., *Les Origines du caractère chez l'enfant*, Paris, PUF, 1934, 6e éd. 1976.

Wallon, H., "Kinesthésie et image visuelle du corps propre chez l'enfant", *in Bulletin de psychologie*, 1954, réédit. *in Enfance*, 1959, 3, 252-263.

Woodworth, R. S. & Schlosberg, H., *Experimental Psychology*, New York : Holt, 1954 (1e éd. 1938).

Zazzo, R., "Images du corps et conscience de soi : marériaux pour l'étude expérimentale de la conscience", *in Enfance*, 1948, 1, 29-43.

Zazzo, R., "La genèse de la conscience de soi (la reconnaissance de soi dans l'image du miroir)", symposium de l'Association de psychologie scientifique de langue française, Paris, 1973, *in* P. Fraisse (éd.), *Psychologie de la connaissance de soi*, Paris, PUF, 1975a.

Zazzo, R., "Des jumeaux devant le miroir : questions de méthode", *in Journal de Psychologie normale et pathologique*, 1975b, 4, 389-413.

Zazzo, R., "Image spéculaire et image anti-spéculaire", "Expériences sur la construction de l'image de soi", *in Enfance*, 1977a, 2-4, 223-230.

Zazzo, R., "Image spéculaire et conscience de soi", *in* G. Oléron (éd.), *Psychologie expérimentale et comparée. Hommage à Paul Fraisse*, Paris PUF, 1977.

Zazzo, R. "Des enfants, des singes et des chiens devant le miroir", *in Revue de psychologie appliquée*, 1979, 2, 235-246.

Zazzo, R., "Les Dialectiques originelles de l'identité", *in Production et affirmation de l'identité*, Toulouse, Privat, 1980.

Zazzo, R. "Miroirs, images, espaces", *in* P. mounoud & A. Vinter (Eds), *La Reconnaissance de son image chez l'enfant et l'animal*, Neuchâtel, Paris, Delachaux et Niestlé, 1981.

FILMS

Zazzo, R. & Fontaine, A. M., *À travers le miroir (la genèse de l'image de soi dans le miroir)*, Film 16mm, sonore, noir et blanc, 23mn, Paris, Service du Film de Recherche Scientifique, 1973 (96, Bd Raspail 75006 Paris).

Zazzo, R. & Fontaine, A. M., *C'est moi quand même (le développement de l'image de soi, de 3 à 7 ans)*, Film 16mm, son optique, couleur, 57mn. Paris, Service audiovisuel du CNRS, 1976 (1, place Aristide-Briand 92195, Meudon cedex).

Zazzo, R. & Fontaine, A. M., *L'Image qui devient un reflet (sur l'identification de l'image de soi et de l'image d'autrui)*. Film 16mm, son optique, couleur, 25mn. Paris, Service audiovisuel du CNRS, 1980.

Zazzo, R. & Fontaine, A. M., *Un autre pas comme les autres (sur la conduite d'évitement chez l'enfant, le macaque rhésus et le chien)*. Film 16mm, son optique, couleur. Paris, Service audiovisuel du CNRS, 1981.

TABLE DES MATIÈRES

CRÉDIT PHOTOGRAPHIQUE

Pascale LEPRINCE-RINGUET.
Patrick LAFAITE : p. 101 ; 102.
Jean-Dominique LAJOUX : p. 33 h ; 35 h-g ; 50 ; 108.
Michel LOYE : p. 32 b ; 33 b-g ; 33 b-d.

Imprimé et broché en France par Pollina, 85400 Luçon - n° 14882
Dépôt légal : mai 1992